U0496353

新时代〈职场〉新技能

AI赋能公文写作

伏虎 王振 著

清華大學出版社
北京

内 容 简 介

本书详细阐述了如何利用 AI 工具提升公文写作的效率和质量。全书共十章，从概念到实践，全面介绍了 AI 在公文写作领域的应用与前景。

首章对 AI 在公文写作中的概念进行了深入探讨，明确了 AI 在这一领域的角色以及优势和劣势。随后的章节逐步深入具体操作层面，详细介绍了如何利用 AI 快速找到写作思路、高效完成公文撰写，以及如何精准查找所需资料。

本书还重点论述了 AI 在拓展观点魅力、优化文章布局、增添文学色彩、挖掘理论深度和找寻新颖写作角度等方面的巨大潜力。同时，作者也提醒读者，虽然 AI 技术为公文写作带来了诸多便利，但写作者的独立思考和人工润色仍然不可或缺。

此外，本书通过丰富的案例和实践经验，充分展示了 AI 在公文写作中的广泛应用和巨大价值。

本书能够帮助读者掌握利用 AI 进行公文写作的技能和方法，提高工作效率和创作质量。本书联系机关行政文秘工作人员实际，从公文写作实务出发，旨在为初学公文者提供参考借鉴。

图书在版编目（CIP）数据

AI 赋能公文写作 / 伏虎, 王振著. -- 北京 : 清华大学出版社, 2025. 4（2025.10重印）.
(新时代·职场新技能).ISBN 978-7-302-68679-8

Ⅰ. H152.3-39

中国国家版本馆 CIP 数据核字第 20251KB494 号

责任编辑： 刘　洋
封面设计： 方加青
版式设计： 张　姿
责任校对： 王荣静
责任印制： 刘　菲

出版发行： 清华大学出版社
网　　址： https://www.tup.com.cn，https://www.wqxuetang.com
地　　址： 北京清华大学学研大厦 A 座　　**邮　　编：** 100084
社 总 机： 010-83470000　　**邮　　购：** 010-62786544
投稿与读者服务： 010-62776969, c-service@tup.tsinghua.edu.cn
质 量 反 馈： 010-62772015, zhiliang@tup.tsinghua.edu.cn
印 装 者： 三河市东方印刷有限公司
经　　销： 全国新华书店
开　　本： 148mm×210mm　　**印　　张：** 9.5　　**字　　数：** 204 千字
版　　次： 2025 年 6 月第 1 版　　**印　　次：** 2025 年10月第 3 次印刷
定　　价： 69.00 元

产品编号： 105164-01

AI preface 自序（一）

近十年来，笔者以党政干部为对象常态化开展教学、科研、决策咨询，深知“办文、办会、办事”之于机关运转的重要性，也深感不少泛体制内人员面对公文写作时的畏难、为难。

接触中发现，不少人遇到要写的通知、方案、讲话稿、大材料，第一反应是“有没有模板”“找一下往年这块儿的材料”，然后在上面增删微调，成稿质量一般。除了在本单位找，还会上网搜索类似的公文模板，但这种方式很难匹配具体业务场景下的公文要求。笔者在开展“数治”赋能治理现代化相关教研时，突然意识到：既然数字化转型正在系统性重塑政府治理的体制机制、组织结构、治理形态、能力模式，那么在公文写作中何不尝试拥抱大语言模型和人工智能技术（Artificial Intelligence，AI），变传统的“笔杆子”“爬格子”为“电子笔杆”辅助？

在这里必须指出，AI之于公文写作，更多的是辅助、协助，笔者反对不负责任地滥用AI、应付了事凑稿交差，更期待将AI视为一种工具的升级：从早年公文的纸笔作业到后来的键盘打字，这是电子化对传统公文写作的升级；从单机文字软件到可以联网搜索资料，这是网络化带来的进一步升级；再到当下应用生成式人工智能技术高效辅助公文写作，这是智能化带来的新一轮赋能。

事实上，AI赋能公文写作正在从设想变为现实：新华社研发的“新华妙笔”已面向公文写作场景开展了试运营，安徽省在数字政务系统中嵌入了公文助手场景应用，旨在减少简单重复劳动，助力公务人员更好地聚焦主业主责。一些公务人员开始接触AI写作软件并初尝甜头，但“会用”不等于“能用好”，就像很多人都在使用办公软件但并不精通那样，任何技术工具只有在系统掌握使用细节基础上，才能有效应用，这也是本书写作的初衷。

本书主题虽然是“利用 AI 写公文”，但其适用领域并不局限于“公文”，更多的是全面介绍大语言模型在各类文稿文字工作中的实际应用。因此，除了从事文字工作的人群可以从中找到“闪光点”和“受益处”，其余对文章写作有兴趣的人士，也能在书中求得共鸣。

需要向各位读者说明的是，大语言模型迭代升级很快，本书对截至 2024 年底的新动态新应用做出了探索，但在读者翻阅此书时，可能人工智能在公文写作方面又有了新的应用，还请读者明鉴并不吝赐教，本书后续再版时将作出修订与完善。

伏虎

AI preface | 自序（二）

我第一次接触ChatGPT，是在2023年2月的一个中午。那时候，我在电脑和手机上折腾了很久才成功连上，之后也仅仅是跟它对话了一个小时。即便我在事前就已经有了心理准备，即便我问的问题大多无关紧要，即便我也不懂计算机方面的专业知识，但是那些回答中所展现出的精准理解、流畅表达和严密逻辑，还是让我倍感震惊。

值得一提的是，那天下午我还列席了一场重要会议。虽然，那套运转在庄严氛围下的机械流程，我早已司空见惯，但是两相比较之下，我竟隐隐然有种被时代潮流抛弃的恐惧。

在那之后的短短数月时间里，人工智能一跃而成为全世界的"显学"。它在各个行业"破门而入"，然后骄傲地向人类展示它在这些行业中探索出的未知世界。至于公文写作，我那时认为这个看上去根本就没有任何技术含量的工作，在AI面前更是不值一提吧。

但是从目前的情况看，并非如此。早在ChatGPT之前，就出现了许多公文写作方面的智能软件，只不过这类软件的实际表现，就是用"差强人意"四个字来形容，都算是一种十分宽容的说法。即便是ChatGPT 4.0产出的文稿，在实务中也只能勉强一用。

是因为公文本身特殊的价值与审美，令人工智能尚无法理解，还是中文语料库缺乏这方面内容，令人工智能难以模仿，我也不清楚。当然，天下大势，浩浩汤汤，顺之者昌，逆之者亡。我相信眼下这看上去像是找准了正确发展路径的AI大势，迟早会“攻破”公文写作。

只不过在此之前，我们与其担忧人工会被人工智能取代，不如换个思维，先将AI为己所用，让它成为手中的实战工具。趁着人工智能还没有完全“领悟”公文写作的套路与精髓，我们先行一步，不妨先学会如何借用AI的能力，提高撰稿的效率，提升写材料的水平。

这也是本书面世的意义所在，即回答好以下三个问题。

第一个问题：为什么要用AI？

在公文写作方面，目前的人工智能虽然思考的维度很广、思维的发散很快、思想的逻辑很实，但是也不能代替人工去思考一篇材料的谋篇布局和遣词造句。AI的作用，其实在于效能与效率，主要是代替人去整理事例、搜集数据、分析内容等，而这些环节效能与效率的提升，可以让我们在“写材料”这件事中取得事半功倍的成效。

第二个问题：怎么用AI？

本书力求浅显易懂、由浅及深，让读者看着就能学、拿着就能用、照着就能做。全书采取娓娓道来的叙述方式，采用统分结合的写作特点，呈现“1+1+8”总体布局，第1章为AI赋能公文写作的概述，带领读者快速入门。第2章为怎么用AI进行公文写作，即解决“方法论”的问题，并通过方法、流程、技能的介绍，让读者初步上手。后续8个章节则分别介绍了AI的实际应用，“拓观点提升‘魅力’”“为布局优化‘构思’”“用文学添加‘味精’”“让理论多点‘内涵’”“找角度增加‘新意’”“把内容改出‘层次’”“加论据写出‘力度’”“添情感展示‘亮点’”。其中还介绍了不同场景对AI的写作需求和AI的功能使用，大量穿插实战案例，增加读者的阅读趣味，也方便读者了解不同领域的公文如何撰写。

第三个问题：适合谁看？

本书核心内容虽然是“用AI写公文”，但并不局限于“公文”，更多的是一种应用技巧和文字态度。因此，除了体制内外从事文字工作的人可以从中找到“闪光点”和“受益处”，其余对文章写作有兴趣的人士，也能在书中求得共鸣。

需要向各位读者说明的是，人工智能的发展日新月异，而本书主要写作周期为2023年下半年到2024年初，在经历漫长的审校周期正式与读者见面之时，恐怕人工智能的世界又经历了几次“物换星移”。因此，本书内容在具体操作方面可能会有一些滞后性，希望各位明鉴。

在过去的几年时间里，我相继完成了《公文写作实战秘籍》和《手把手教你公文写作》两本书的写作。在第二本书的“后记”中，我曾说自己在这一领域不会有“三部曲”，只有“番外篇”。如今看来，本书便是第一部“番外篇”，希望得到各位读者的认可。

王振

目录

第1章

AI 赋能公文写作的概述

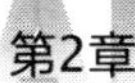

第2章

怎么用 AI 进行公文写作

第8章 把内容改出“层次”——智用 AI 提质量

第9章 加论据写出“力度”——使用 AI 寻根源

第10章

添情感展示“亮点”——利用AI引共鸣

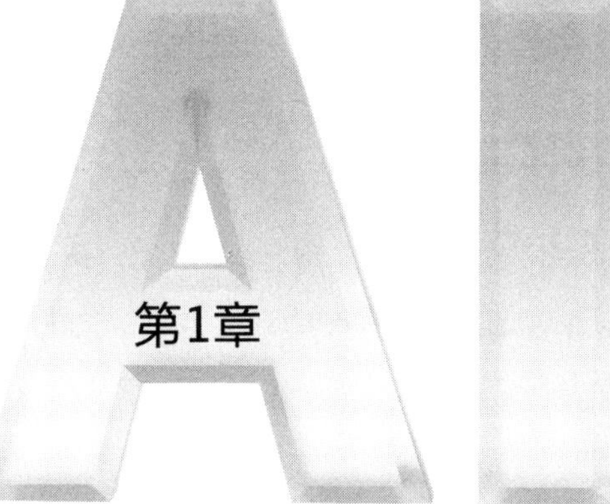

AI 赋能公文写作的概述

人类一步步走向文明的进化史，可以从另一个角度看成是工具一步步创新发展的演变史。从钻木取火满足马斯洛最低层次需求，到“第三次科技革命”满足人类自我实现需求，工具演变成了“核心科技”。公文领域，同样从“小米 + 步枪”进化到了“火箭 + 核弹”，选择对的工具、拥有好的“兵器”成为决胜“文场”的关键。本章介绍了几种常用 AI 写作工具，阐明了 AI 写作的优势和劣势，旨在协助读者选对选准 AI 模型，提升文稿创作的“制胜率”和“满意度”。

1.1 AI写作常用工具

随着人工智能技术的飞速发展，AI 写作已经成为当下炙手可热的话题之一。在众多 AI 写作工具中，DeepSeek、Kimi、豆包、通义千问、智谱清言、天工和秘塔脱颖而出。它们各具特色、各有优势，适合不同的应用场景，有着不同的功能特点。对这几种常用 AI 写作工具进行对比分析，能够更好地帮助我们根据写作需求选准模型、找准功能。

1.1.1 DeepSeek——高效精准的中文对话大模型

DeepSeek 是由中国深度求索（杭州深度求索人工智能基础技术研究有限公司）开发的新一代开源大语言模型，于 2024 年 1 月发布首个版本 DeepSeekLLM，并在 2025 年 1 月推出旗舰模型 DeepSeek-R1。其核心架构采用混合专家（MoE）技术，结合 14.8 万亿 tokens（语言类模型中用数字来表示单词的最小语义单位）的超大规模中文语料库训练，在数学推理、代码生成、多模态交互等领域实现突破，性能比肩 OpenAI GPT-4 正式版，且训练成本仅为后者的 1%，被誉为“AI 界的拼多多”。

1. 基本情况

DeepSeek 基于 MoE（混合专家）架构，通过动态路由机制激活特定专家模块处理输入，显著提升计算效率。例如，DeepSeek-V3 模型包含 6710 亿参数，但每次推理仅调用 370 亿参数，在保持高性能的同时降低 80% 的计算成本。其训练数据涵盖中文互联网资源、专业知识库及多模态数据，并通过强化学习（RLHF）优化逻辑推理能力。

2. 主要功能

（1）自然语言理解和生成：支持多语言对话、文本摘要、代码补全等任务，尤其擅长中文长文本解析，能精准捕捉网络热梗和文化语境。

（2）多轮对话与上下文感知：通过记忆机制保持对话的连贯性，支持复杂任务拆分。

（3）垂直领域深度赋能：在政务、医疗、教育等领域，通过定制化部署加强个性化支持，提升专业赋能水准。

（4）多模态交互：与腾讯元宝等平台合作，支持图片解析、文件处理等，并计划推出视频理解功能。

（5）低成本 API 服务：提供性价比极高的企业级 API，调用成本仅为 GPT-4 的 1/50。

3. 模型特点

（1）基于 MoE 架构进行高效推理：通过动态专家选择机制，在数学（GSM8K 基准测试 90.2 分）、代码（HumanEval 82.6 分）

等任务上超越 GPT-4，且单卡每秒处理 3872tokens，支持实时交互。

（2）优化中文原生语境：针对中文语法、语义和文化特点进行专项训练，在中文问答（C-Eval 87.5 分）、古诗生成等任务上领先于国际模型。

（3）持续进化开源生态：开源 DeepSeek-V3、R1 等模型，采用 MIT 协议，允许社区贡献者参与模型微调（如金融、法律领域定制）。

（4）安全合规：内置敏感词过滤、沙箱隔离和内容审核，政务场景中通过国密算法加密，保障数据隐私。

1.1.2 Kimi——中文语境下最懂你的智能对话助手

Kimi 是由中国人工智能公司月之暗面（MoonshotAI）于 2023 年 10 月推出的智能对话助手，专注于中文场景的深度优化，支持超长文本输入与多模态交互，以“理解更精准、交互更自然、场景更落地”为核心优势，为用户提供高效的信息处理与智能服务。

1. 基本情况

Kimi 基于自研的大语言模型架构，采用 Transformer 与混合专家网络（MoE）技术，参数量达 2000 亿级，在中文语料库上进行了深度预训练，能够精准捕捉中文语义、语法和文化语境。其技术路线融合了长上下文扩展、多模态推理和强化学习，支持处理 200 万汉字的无损上下文输入，远超行业平均水平。创始团队核心成员曾参与 Google Gemini、盘古 NLP 等全球顶级大模型研发，技术积累深厚。

2. 主要功能

（1）理解超长文本：Kimi 可一次性处理 200 万汉字的长文档，支持论文精读、合同解析、代码库理解等场景。例如，用户上传 10 万字的研究报告，Kimi 能快速提炼核心观点，生成结构化摘要，并识别数据矛盾点。

（2）多模态交互：支持文本、图像、语音联合推理。例如，Kimi 可根据用户提供的歌词生成与之相匹配的音乐视频，或分析带图表的数学题并输出解题步骤。其内测功能“创作音乐视频”已实现根据用户描述自动生成踩点精准、分镜合理的短视频。

（3）多轮对话：支持在连续对话中记忆上下文。例如在法律咨询场景中，用户可逐步补充案件细节，Kimi 会结合历史信息提供连贯的法律建议，并且通过用户行为数据优化回复风格，实现个性化交互。

（4）跨领域知识查询：整合实时搜索与知识库，覆盖金融、医疗、教育等领域。例如，用户询问“某股票近期走势”，Kimi 会结合财报数据、市场新闻和技术分析给出综合判断。

3. 模型特点

（1）深度优化中文语境：针对中文语法、成语、网络用语等的不同特性进行专项训练，在中文语义理解、歧义消除、文化梗识别等方面显著优于国际模型。例如，处理“躺平”“内卷”等中文网络热词时，Kimi 能准确把握语境并给出符合中文表达习惯的回复。

（2）复杂逻辑推理：采用 128K tokens 超长上下文窗口和长思维链技术，Kimi 可处理多步骤逻辑推理任务。例如，在解答数学题时，它会逐步拆解问题，生成详细的推导过程，而非直接给出答案。

（3）融合多模态：采用部分轨迹回放技术优化多模态训练效率，在视觉问答、代码生成等任务中，通过复用历史轨迹数据减少重复计算，提升模型响应速度。

1.1.3 豆包——字节跳动的超大型数据模型

豆包是字节跳动推出的人工智能产品，基于自主研发的大规模预训练模型，具备自然语言处理、多模态理解等核心能力，能够为用户提供智能对话、信息查询、创意生成等多样化服务，致力于成为高效便捷的智能助手。

1. 基本情况

豆包在海量文本、图像、语音等多类型数据上进行预训练，构建了跨模态的语义理解体系，能够精准捕捉用户输入内容的语义、情感及潜在需求。支持多语言交互，覆盖中文、英文等主流语言，可适应不同文化背景下的交流场景，具备强大的泛化能力和领域迁移能力，适用于智能客服、内容创作、学习辅助等多种应用场景。

2. 主要功能

（1）自然语言交互：支持多轮对话和上下文理解，能根据用户历史对话调整回复策略，实现流畅自然的交流体验。可处理问答咨询、信息检索、闲聊陪伴等任务，精准解析用户意图并提供专业解答。

（2）多模态生成：具备文本、图像、语音等多模态内容生成能力。在文本领域，可创作文章、诗歌、代码等；在图像领域，能根据文字描述生成创意插画、设计草图；支持语音合成与识别，实现“语音输入—文本处理—语音回复”全流程交互。

（3）个性化服务：能够分析用户交互数据，学习用户偏好和使用习惯，提供定制化服务。例如，根据用户阅读习惯推荐资讯，依据用户创作风格辅助内容优化，为不同用户打造专属的智能交互体验。

（4）集成实用工具：内置计算器、翻译器、日程管理等实用工具模块，可直接响应“计算汇率”“翻译文本”“设置提醒”等功能性指令，充当用户日常生活和工作的高效助手。

3. 模型特点

（1）模型轻量化：采用优化的模型架构，在保持强大性能的同时降低计算成本，支持快速响应和低延迟交互，适配手机、平板等移动端设备，满足用户即时沟通需求。

（2）融合多模态：深度融合文本、图像、语音等多模态信息，打破单一模态局限性。例如，在对话中可结合图片理解用户需求，或通过语音情感分析调整回复语气，实现更丰富、更立体的交互体验。

（3）适配多场景：针对不同行业和使用场景进行专项优化。例如，针对客服场景中的问题分类与快速响应，针对教育场景中的知识点解析与学习规划等，提供更贴合实际需求的解决方案。

1.1.4　通义千问——阿里打造的全能型 AI 对话专家

通义千问是阿里云自主研发，于 2023 年 4 月正式发布的大语言模型，基于通义大模型系列架构，具备自然语言交互、多模态理解和行业场景适配能力。作为中国领先的AI对话系统，通义千问通过超20万亿tokens的多语言数据训练，支持中文、英文等多语言交互，在电商、金融、医疗等领域提供深度解决方案。截至2025年1月，其全球衍生模型数量已突破9万个，开源生态位居主流组织第一。

1. 基本情况

通义千问基于Transformer架构，训练数据覆盖公共网络文档、百科全书、代码库等多类型语料，通过重复数据删除、质量过滤和人工审查确保数据多样性与准确性。该模型支持上下文长度最高达128Ktokens，可处理长文本对话和复杂任务推理。通义千问不仅能够提供通用对话能力，还针对行业需求开发了通义灵码（编程助手）、通义仁心（医疗问答）、通义法睿（法律文书生成）等8个垂直领域模型，实现"全尺寸、全模态"开源生态布局。

2. 主要特点

（1）多轮对话：支持文本、图片、文档混合输入，用户可上传图片或PDF文件提问，模型能理解图像内容并生成图文结合的回复。

（2）深度适配行业场景：在电商领域，通义千问可生成商品评价、直播文案；在金融领域，它可以支持财报解读和实时市场数据分析；在医疗领域，它能够提供症状解读和用药建议。

（3）定制个性化角色：通义星尘通过阶段性训练增强拟人化表达，可定制情感陪伴角色或游戏NPC，支持基于事件背景的深度对话。

（4）长文本处理：支持英语、日语、朝鲜语、阿拉伯语等多语言交互，Qwen2-VL 模型可理解长达 20 分钟以上的长视频内容，并集成到手机、机器人等设备实现视觉指令操作。

3. 模型特点

（1）高效推理：Qwen2.5-Max 采用 MoE 架构，预训练数据超 20 万亿 tokens，在数学、编程等基准测试中超越 DeepSeekV3、Llama-3.1 等模型。

（2）融合行业知识：通过行业数据微调，模型可快速适配特定领域需求，如通义点金的金融事件分析，通义法睿的法律文书生成等。

（3）开源生态：开源模型覆盖 1.8 ~ 72B 参数规模，支持消费级显卡本地部署，并提供 API 接口和百炼平台一站式开发工具。

1.1.5　智谱清言（ChatGLM）——清华大学出品的中文版 ChatGPT

第一代智谱清言（ChatGLM-6B）在 2023 年 3 月份推出，开源推出之后不久就获得了很多关注和使用。3 个月后，ChatGLM2 发布，再次引起广泛关注。

1. 基本情况

智谱清言是基于清华大学 KEG 实验室与智谱 AI 于 2023 年联合训练的语言模型 GLM-130B，所开发的人工智能助手，具备深度学习、自然语言处理等技术能力，能够实现面向自然语言生成、自然语言理解、对话生成等任务的智能化处理，在自然语言处理领域具有较高的表现力，是当前市场上较为先进的人工智能助手之一。

2. 主要功能

（1）智能问答：能够理解用户提出的问题，并根据提问内容提供恰当的答案和建议。不依赖于预设的问题库，而是通过持续学习用户的提问和回答来提升应答水准。

（2）信息抽取：识别用户所提供文本中的关键信息，例如新闻报道、科研论文等，帮助用户快速把握内容要点。

（3）文本生成：根据用户需求生成各类文本内容，如文章、报告、摘要等。学习并模仿用户的写作风格，使得生成的文本更加符合用户需求。

（4）对话生成：与用户进行自然流畅的对话，模拟用户的语言交流过程，为用户提供娱乐、教育、咨询等服务。

（5）情感分析：识别用户输入文本中的情感倾向，如正面、负面或中性，帮助用户了解他人对自己的看法，或分析市场、用户的情感倾向。

（6）语言翻译：支持多种语言之间的翻译，帮助用户跨越语言障碍，进行国际交流和学习。

3. 模型特点

（1）ChatGLM基于GLM模型，具备从大量数据中自主学习，不断提升回答能力和准确性的能力。

（2）自然流畅的对话体验：与用户进行自然流畅的对话，模拟用户的语言交流过程。

（3）高度可定制化：根据用户需求和具体场景，提供多种语言处理、文本生成、语音识别等功能。

（4）易于集成：为各类应用提供便捷的集成方案，如智能客服、语音助手、内容创作等。

（5）全面支持中文：作为一款针对中文市场的产品，全面支持中文问答、文本生成、语音识别等功能。

1.1.6 天工——双千亿级多模态大模型

天工是由昆仑万维与奇点智源联合研发的国产双千亿级大语言模型，于 2023 年 4 月启动邀请测试，2024 年升级至 4.0 版本，是国内首个实现智能涌现的大模型。其核心架构采用业内顶尖的 MoE（专家混合模型）技术，结合千亿级参数规模与跨模态数据训练，支持文本、图像、语音等多形式交互，在中文理解、逻辑推理、多模态生成等领域展现出领先性能。

1. 基本情况

模型训练覆盖超 2000 万首音乐、千亿级中文语料及多领域专业数据，尤其针对中文语义、方言（如粤语、成都话）及文化背景进行深度优化，解决了传统模型“百老汇式中文”等水土不服问题。目前，天工面向全球用户开放，并构建了包括 AI 搜索、音乐生成、代码开发等在内的全场景应用生态。

2. 主要功能

（1）多模态交互：支持图文对话、文生图、AI 音乐创作等多模态功能，例如输入歌词即可生成 80 秒双声道立体声歌曲，人声合成达到 SOTA 水平，支持颤音、歌剧等歌唱技巧。其 AI 绘画功能基于 StableDiffusion 技术，可生成油画、水彩等不同风格的高质量图像。

（2）处理复杂任务：内置金融、科研、教育等领域的专业知识库，能分析财报数据，解析学术论文公式，并提供投资建议、教育资源生成等服务。例如，天工 AI 搜索可实时查询财务数据，自动生成对比表格与分析报告。

（3）实时搜索：支持最高 100Ktokens（约 15 万字）的上下文窗口，在连续对话中保持逻辑连贯。搜索增强模式整合全网信息，通过分钟级实时检索与多模态输出，提供权威、精准的回答。

3. 模型特点

（1）高效推理：MoE 架构通过稀疏激活专家模型，在同等算力下实现更强性能，推理速度提升 30% 以上，且支持灵活扩展专家数量以应对复杂任务。

（2）支持多语言：针对中文语法、语义及文化背景进行专项训练，在中文科技、金融等领域的表现超越国际模型，同时支持英语、中文（包括文言文）等多语言翻译与交互。

（3）安全可控：内置内容审核机制，符合国内监管要求，并通过用户反馈与数据更新持续优化模型性能。

（4）整合多领域工具：集成 AI 搜索、文档分析、代码生成等工具，支持自动规划任务路径，调用外部资源。例如，在分析“过去三年诺贝尔奖得主”时，可拆解问题、检索信源并生成结构化回答。

1.1.7 秘塔——垂直领域的人工智能技术平台

秘塔是由上海秘塔网络科技有限公司于 2018 年推出的人工智能技术平台，专注于通过自然语言处理（NLP）和大模型技术，为法律、写作、搜索等专业场景提供高效解决方案。其核心产品包括秘塔写作猫、秘塔翻译、秘塔检索等。通过垂直领域的深度优化，实现了从文本生成到知识管理的全链条智能化。

1. 基本情况

秘塔技术架构基于自研的 MetaLLM 大模型，采用 Transformer 架构并融合法律、公文等垂直领域语料训练，形成了独特的“搜索 + AI”技术范式。截至 2025 年，秘塔已服务数百万用户，在法律、教育、企业知识管理等领域建立了行业标杆。

2. 主要功能

（1）智能文本处理：支持中 / 英文语法、错别字、标点符号等多维度检测，准确率达 97% 以上，尤其可针对法律文书中的专业术语错误提供精准建议。

（2）垂直领域解决方案：整合法规全库、案例分析等资源，通过语义联想生成检索报告，帮助用户快速定位类案。

（3）内容改写：通过 AI 模板快速生成报告、营销文案等，支持全文改写、短句优化，并提供“普通 / 强力 / 保守 / 古文”四种风格选择。

3. 模型特点

（1）深度优化垂直场景：结合“小模型 + 大模型”协同架构，如 DeepSeekR1 模型负责逻辑推理，自研模型处理信息检索，2 ～ 3 分钟即可完成数百网页分析。

（2）结构化输出：支持图片解析、文档 OCR 等多模态交互。例如，在上传技术图表后，能够自动提取关键数据。

（3）生态拓展：2025 年推出“先想后搜”研究模式，通过 AI 构建思考框架，再进行资料整合，适用于快速信息收集与初步分析。

1.2 AI写作的分析

AI 写作是文字与科技交互结合的产物，具有为广大用户提供资料查找、数据整合、论点挖掘等优势，同时伴有语言机械、格式紊乱、表达平平等劣势。不可否认的是，在数据赋能时代，AI 写作将搭乘生成式人工智能技术遍地开花的春风，成为人们重要的写作助手。

1.2.1 AI 写作的优势

AI 写作最突出的特点就是“智”的含量很高，“效”的提升明显，在逻辑优化、思维整理、事例完善方面有着前所未有的效能体验。

1. 逻辑严密

AI 写作通过对大量数据的深度学习和分析，能够理解文章的逻辑结构。各段落间的相互联系，从而自动调整和优化文章的逻辑顺序，避免常见的逻辑错误和矛盾，使文章更加严谨、有说服力。

（1）逻辑分析清晰。AI 写作工具通常利用自然语言处理（NLP）技术对文本进行分析和理解，训练模型学习大量的文本数据，逐渐掌握语法、语义和上下文关系，在写作过程中对文本进行深入的逻辑分析。

（2）内容连贯性较好。在处理复杂的长文本时，AI 写作工具能够自动检测并避免逻辑文本中的错误和矛盾，并根据内在逻辑关系，将段落和句子组织成一个有机整体，确保文本内容的连贯性和一致性。

（3）观点表达出色。通过优化文章的逻辑结构和顺序，能够突出主题和重点，提升文章的说服力。在新闻稿、公文报告和调研文章等写作中，AI 可以帮助作者更好地表达观点、阐述理由和说服读者。

2. 思维系统

AI 写作能够快速生成文章框架并提供多元化观点，自动生成符合规范的文章框架，并为每个段落提供多种可选方案。

（1）生成文章框架。具备文章结构分析功能，根据输入的关键词或主题自动生成符合规范的文章框架，为用户提供清晰的写作思路，节省了用户构思文章结构的时间和精力。

（2）提供多元观点。从多个角度对同一主题进行分析和阐述，为用户提供多元化观点。

（3）拓展创作思路。通过 AI 写作的多元化观点功能，用户可以从中获取新的灵感和思路，进一步拓展公文写作的思维宽度。在学术研究、新闻报道和活动策划等领域，AI 可以帮助用户打破传统思维局限，探索更多创新性解决方案。

3. 事例生动

AI 写作可以利用大数据为用户提供丰富的素材和个性化事例，使文章更加生动有趣。AI 通过对网络信息的抓取和分析，能够获取最新的新闻、数据和趋势，为文章提供有力的支撑和证明。

（1）个性化推荐。与传统搜索方法相比，AI 写作具有更高的精确性和针对性，其通过深度学习和模式识别，能够根据文章的主题和语境自动匹配和推荐强相关事例。

（2）故事化叙述。可以为文章提供事实和数据，将复杂的数据集转化为易于理解的图表、动画或故事，从而增强文章的趣味性和可读性。

（3）创意化表达。可以结合创意和想象力，创造出新的文章情节或场景，为公文增添创意化阅读维度。

1.2.2 AI 写作的劣势

不可否认，AI 目前仍无法完全代替人工，AI 写作在语言和格式的精度、准度等方面仍需人工干预和优化。

1. 金句不足

尽管 AI 可以学习和模仿用户的写作风格，但很难像实体用户那样捕捉情感的细微差别，也无法提供朗朗上口的公文金句。比如在情感表达上，AI 生成的文本显得生硬或不够细腻，无法引起用户共鸣。AI 写作依赖于逻辑和数据分析，更注重结构和内容的准确性，而欠缺文学性表现，无法自行引经据典为文章提供契合主旨、紧贴需求的金句，需要用户反复输入关键词或主题，才能挖掘出所需论点论据。

2. 格式不准

虽然 AI 写作工具可以识别和生成某些常见的格式，但在处理更复杂或不太常见的格式时差错率较高。

（1）特定格式无法生成。受到函、请示等公文格式限制，无法生成某些特定格式。

（2）格式调整烦琐。虽然可以生成基本的文本格式，但在处理复杂格式需求时显得力不从心，用户需要在完成文本内容后进行烦琐的格式调整，增加了工作量。

3. 贴合不够

AI 写作在理解语境和意图方面存在困难。尽管自然语言处理技术已经取得了显著进步，但 AI 仍然难以完全理解公文语言的复杂性和微妙性。

（1）难以完全理解语境和意图。AI 处理复杂语境和意图仍存在一定困难，无法对标最新的时政热点、上级讲话、新闻报道等内容并提供深入的分析和阐述。

（2）内容与主题关联度不足。由于缺乏对特定领域知识背景的理解，也不能像人一样思考，在写作时不具有主观判断和情感体验。因此，AI 生成的文本可能与主题贴合不够紧密，仅在字面上对主题进行浅显论述，无法完全贴合用户的情境。

1.2.3 AI 写作的趋势

从科技推广规律来看，一项新技术从被质疑到被理解再到普遍推广需要时间的沉淀，需要一定的过程，但这个时间过程对于 AI 写作工具来说特别短，它们从问世到“一鸣惊人”到普及于大众，速度非常快。

1. 数据收集的需要

通过对所需数据的深度查找和匹配识别，AI 可以自动提取出与公文主题相关的事实和信息，如政策背景、市场情况、竞争态势等，来增强公文的说服力，还可以为决策提供有力依据。此外，通过对历史公文的分析，AI 还可以学习公文的结构、语言和风格，从而生成更加符合要求的公文文本。

2. 资料查找的需要

在传统的公文写作中，资料查找是一个烦琐耗时的环节。AI公文写作工具可以自动识别和匹配关键词，从大量文档和资料中提取相关信息。例如，需要撰写一份关于某项政策的公文，AI可以快速地从政府网站、法律法规数据库、专业研究报告等来源中，找到相关的政策文件、政策解读、实施案例，激发作者灵感，为公文写作提供有力支持。

3. 思维拓展的需要

虽然AI在数据收集和资料查找方面有着天然优势，但在思维拓展方面仍需用户参与。毕竟，公文写作不仅仅是信息的传递，更是思想和观点的交流。因此，在AI公文写作中，用户的思维和创作仍然发挥着不可替代的作用。“人机协同”或许才是提高公文写作效率和质量的最好方式。

第2章

怎么用 AI 进行公文写作

第1章介绍了几种常用的AI写作工具，正所谓工欲善其事必先利其器，做足了“器”的准备后，就得衔接进入“工”的主题——怎么运用AI进行公文写作？这是一个核心问题，本章为全书的“工具篇”，公文写作的相关方法、流程、技能将贯穿全书展开应用，后面章节中若遇到使用方法、运用流程类的困惑，可以返回本章查找相关内容。

公文写作，就是将思路落实到字面上、将格式固定在公文上。其中，找思路、写初稿、查资料作为不可缺少的三个环节，为使用AI进行公文写作指明了方向。首先，就是要学会如何找准逻辑自洽、上下贯通的行文思路。其次，要学会如何使用AI进行写作，流程分为初步问、补充问、人工写。这里要注意，最后一步必须为人工优化完善，无论AI如何智能，始终无法完全替代人工进行创作。最后，进行优化补充，在创作和优化的过程中，需要查找资料的部分也可以通过AI来实现。

2.1 用AI快速找思路的基本方法

2.1.1 点出题眼：找公文主题

在公文写作中，明确主题是第一步，也是至关重要的一步。AI工具通过关键词分析、主题识别、相似文本比较，可以帮助我们快速准确地找出公文的主题。

1. 关键词分析

关键词是文章的核心，是写作始终要表达的主要观点或意图。在公文写作中，关键词尤为重要，直接反映公文的主题和重点。

AI 工具的文本分析功能可以根据用户的模糊描述、主旨概括，快速找出公文中的关键词，帮助我们把握公文的中心议题。具体操作：在 AI 对话框内输入文章大概意图，通过 AI 自动进行分词、词性标注等预处理步骤，或者根据用户提供的相似文本进行分析，实现对关键词的筛选和确定。

案例2.1

写作者在 DeepSeek 中输入：我是一名大学语文教师，学校要求我写一篇学情分析，请帮我确定一下文章的关键词。

DeepSeek：以下是适合大学语文学情分析的核心关键词，涵盖学生特征、学习表现、教学痛点及改进方向，可根据具体学情调整组合：

一、学生基础与差异

1. 语文基础分层（如“中学语文衔接度”“文史知识储备差异”）

2. 专业背景影响（“理工科 / 文科学生认知侧重”“跨专业学习需求”）

3. 语言能力分化（“古文阅读障碍”“现代文思辨能力”“写作表达水平差异”）

二、学习行为与习惯

1. 自主学习意识（“课前预习主动性”“课后拓展意愿”）

2. 数字时代学习特征（“碎片化阅读习惯”“多媒体资源依赖”“传统文本耐读性”）

3. 课堂参与模式（“互动积极性”“小组协作能力”“批判性提问频次”）

三、学科认知与兴趣

1. 学习动力倾向（“应试导向VS人文素养导向”“专业关联度认知”）

2. 文本接受偏好(“经典作品疏离感”“现当代文学共鸣度”“跨文化文本接受度”）

3. 价值认同差异（“传统文化认同度”“人文精神代入感”“社会议题关联度”）

四、教学痛点与挑战

1. 古今语境隔阂（“文言文理解障碍”“古代文化符号陌生化”）

2. 思维能力短板（“文本细读能力不足”“批判性思维薄弱”“跨文本比较能力欠缺”）

3. 应用转化困境（“文学理论实践脱节”“跨学科写作迁移困难”）

五、改进方向与对策

1. 分层教学策略（“基础补弱”“进阶提升”“个性化指导”）

2. 兴趣激活路径（“结合热点议题”“跨媒介教学”“实践型任务设计”）

3. 能力培养重点（“深度阅读习惯”“学术化表达”“文化阐释能力”）

接着深度提问训练AI：我想着重从三个方面进行写作，请告诉我最主要的三个关键词。

DeepSeek：结合大学语文教学的核心矛盾与学情分析的逻辑深度，建议聚焦以下三个最具统摄性的关键词：

1. 基础差异

核心问题：学生中学语文底子不同（如文言文、写作水平参差不齐），文科学生和理工科学生对文学的敏感度、分析角度差异大（比如工科生重逻辑，文科生重情感）。

举例：有的学生能流畅翻译《左传》，有的连分析“之乎者也”都吃力；理科生写议论文条理清晰，但赏析散文时容易“情感掉线”。

2. 数字阅读习惯

核心问题：学生平时看短视频、刷手机文章习惯了“快读”“浅读”，读课文时静不下心，容易跳过复杂的经典文本，喜欢依赖影视、图解版辅助理解。

举例：读《红楼梦》原著时频繁走神，但看电视剧片段能记住情节；分析诗句时，更习惯搜网络上的“一句话解析”等视频，不愿自己琢磨。

3. 经典隔阂

核心问题：古代文章（如《论语》《史记》）离现代生活远，学生觉得“没用”“难懂”，与经典作品的价值（比如古人的思维方式、人生智慧）缺乏共鸣。

举例：学《庄子》觉得像学“古代哲学绕口令”，不理解为什么要花时间分析“庖丁解牛”的隐喻；认为鲁迅的文章“太严肃”，和自己的生活没啥关系。

案例2.2

写作者在豆包中输入：我是一名大学语文教师，学校要求我写一篇学情分析，请帮我确定一下文章的关键词。

豆包：根据您的身份和需求，以下是为大学语文学情分析提炼的精准关键词，按逻辑层次排列：

一、核心概念类

1. 学情分析

2. 大学语文

3. 学习成效评估

4. 核心素养培养

二、学生特征类

5. 学习动机分层

6. 文本解读能力

7. 学术写作短板

8. 混合式学习适应

三、教学反馈类

9. 课堂互动效度

10. 个性化学习需求

11. 课程思政融合度

这些关键词既体现学科特性（如文本解读、学术写作），又突出高等教育特征（核心素养、课程思政），建议在分析报告中重点呈现“学习动机分层”与“学术写作短板”的关联性，这将凸显学情分析的专业深度。

2. 主题识别

除了关键词分析，AI 还可以通过深度学习技术自动识别需要写作的公文主题。深度学习技术可以分析用户输入的文本内容，即使用户尚未理解领导安排的写作主旨，只输入领导指示原话，AI也可以通过大数据比对、向量机、随机森林等机器学习算法提取对话的特征和模式，从而识别出文本的主题。这种技术可以帮助我们快速把握公文的总体方向，为后续的写作提供明确的指导。

案例2.3

写作者在Kimi中输入：我是一名乡镇团委书记，领导对当前乡镇团青工作非常关注，提出乡镇团青工作应当更具生命力，让我写一份团青活动策划方案，但我不知道该写什么，请帮我确定一下主题。

Kimi：以下从不同方向提供策划主题，每个主题均附简要说明与活动思路，可结合乡镇实际情况调整优化。

一、乡村振兴主题

主题名称："青春赋能·共筑乡村梦"

活动思路：

1. 产业振兴实践：组织青年参与特色农产品电商直播培训，联合本地合作社开展助农带货。

2. 人才振兴行动：举办"青年人才茶话会"，邀请返乡创业青年分享经验，建立"乡村青年智库"。

3. 文化振兴计划：开展"非遗传承·青年说"活动，邀请老手艺人教授传统技艺（如竹编、剪纸等），青年创新设计文创产品。

亮点：直接服务乡村振兴战略，提升青年参与感与获得感。

二、志愿服务主题

主题名称："青春志愿行·温暖乡村情"

活动思路：

1. 关爱“一老一小”：定期组织青年到敬老院、留守儿童之家开展陪伴活动（如文艺表演、学业辅导等）。

2. 环保先锋行动：发起“垃圾分类·青年先行”倡议，组织乡村清洁日，设计趣味环保挑战赛。

3. 应急志愿服务：联合消防、卫生院开展“安全知识进万家”活动，青年志愿者担任“安全宣传员”。

亮点：聚焦乡村实际需求，打造常态化志愿服务品牌。

三、技能提升主题

主题名称：“青春技能营 · 助力新农人”

活动思路：

1. 技能培训工坊：开设短视频制作、电商运营、农业技术等课程，邀请专家授课。

2. 创业沙龙：组织青年创业者参观本地龙头企业，举办“乡村振兴创业项目路演”。

3. 技能比武大赛：举办“新农人技能擂台赛”（如农机操作、农产品包装设计等），评选“青年技术能手”。

亮点：以实用技能为核心，助力青年职业发展。

四、文化传承主题

主题名称：“青春守护 · 乡土记忆”

活动思路：

1. 乡村文化调研：组建青年调研小组，挖掘本地历史故事、民俗文化，形成乡村文化手册。

2. 文化体验活动：开展“追寻红色足迹”徒步、传统民俗节庆复原（如庙会、灯会等）活动。

3. 文化创意大赛：鼓励青年以乡村文化为灵感，设计文创产品（如IP形象、短视频剧本等）。

亮点：文化赋能增强青年对家乡的认同感。

五、青年联谊主题

主题名称："青春有约·乡遇美好"

活动思路：

1. 乡村露营联谊：结合乡村自然风光，组织青年户外拓展、篝火晚会，增进交流。

2. 青年论坛：围绕"乡村振兴中的青年担当"主题，举办辩论赛、演讲比赛等。

3. 兴趣社团：成立摄影、读书、运动等社团，定期开展活动，丰富青年业余生活。

亮点：关注青年社交需求，增强组织凝聚力。

六、政策宣讲主题

主题名称："青春领学·政策惠民"

活动思路：

1. 政策宣讲团：组建青年宣讲队，用"方言+案例"形式解读惠农政策、创业扶持政策等。

2. "政策进万家"行动：青年志愿者入户发放政策宣传手册，开展"一对一"答疑。

3. 线上知识竞赛：通过微信公众号推出政策问答竞赛活动，提升青年参与度。

亮点：将政策宣传与青年服务结合，提升工作实效。

接着深度提问训练 AI：请围绕乡村振兴主题帮我列一下乡镇团青活动策划方案的提纲。

Kimi：乡镇团青活动策划方案提纲（乡村振兴主题）

一、活动背景

1. 政策背景：国家乡村振兴战略、青年参与乡村建设的重要性。

2. 乡镇现状：本地农业、文化等资源优势与青年发展需求。

3. 目标定位：以青年力量激活乡村资源，推动产业、人才、文化、生态、组织振兴。

二、活动主题

“青春赋能乡村振兴·共绘乡村新画卷”

（或根据乡镇特色调整，如“青春助农·产业兴乡”“青春筑梦·文化润村”等）

三、活动时间与地点

1. 时间：× 年 × 月—× 月（建议贯穿全年，分阶段实施）

2. 地点：乡镇中心广场、村级活动中心、田间地头、电商基地等。

四、活动对象

1. 乡镇青年（返乡大学生、创业青年、青年农民等）

2. 乡镇干部、村“两委”成员、合作社负责人

3. 村民代表、留守儿童及老人（部分活动覆盖）

五、活动内容与形式

1. 产业振兴：青年助农行动

① 电商直播培训：邀请电商专家授课，组织青年参与本地农

产品直播带货实践。

② 农业科技推广：联合乡镇农技站开设“田间课堂”，教授种植养殖新技术。

③ 产业对接会：组织青年与合作社、企业对接，推动农产品深加工合作。

2. 人才振兴：青年人才培育计划

① 青年创业沙龙：邀请成功创业者分享经验，提供政策咨询。

② 技能比武大赛：举办“新农人技能擂台赛”（如农机操作、农产品包装设计等）。

③ 乡村青年智库：建立青年人才数据库，定期组织调研与建议征集。

3. 文化振兴：乡土文化传承与创新

① 非遗技艺体验：邀请老手艺人教授竹编、剪纸等传统技艺，青年设计文创产品。

② 乡村文化节：举办民俗表演、美食展销、摄影比赛等活动。

③ 红色文化研学：组织青年追寻色足迹，挖掘本地革命故事。

4. 生态振兴：绿色乡村建设

① 环保志愿服务：开展“垃圾分类·青年先行”行动，组织河道清理、植树造林等志愿服务。

② 美丽庭院评选：鼓励青年家庭参与，打造示范户并给予奖励。

5. 组织振兴：青年参与乡村治理

① 青年议事厅：定期召开座谈会，收集青年对乡村发展的建议。

② 村级事务实践：选派优秀青年担任“村务助理”，参与基层

治理。

六、宣传推广

1. 线上宣传：微信公众号、抖音、短视频平台发布活动动态，直播带货。

2. 线下宣传：利用海报、横幅、村广播站宣传，入户发放活动手册。

3. 媒体合作：邀请本地电视台、报纸宣传报道，扩大影响力。

七、活动预算

1. 费用明细：包括培训讲师费、物料制作费、奖品奖金、宣传费用等。

2. 资金来源：团委专项经费、企业赞助、合作社支持。

八、人员分工

1. 组织组：负责活动策划、过程协调、场地布置。

2. 宣传组：负责媒体对接、文案撰写、视频拍摄。

3. 后勤组：负责物资采购、交通安排、安全保障。

4. 专家组：邀请农技、电商、文化等方面专家指导。

九、风险预案

1. 天气风险：户外活动要提前关注天气，准备好备用场地。

2. 安全风险：为志愿者购买保险，活动现场配备急救箱。

3. 参与度风险：提前调研青年需求，设计趣味性、实用性强的活动。

案例2.4

写作者在通义千问中输入：我是一名乡镇团委书记，领导对当前乡镇团青工作非常关注，提出乡镇团青工作应当更具生命力，让我写一份团青活动策划方案，但我不知道该写什么，请帮我确定一下主题。

通义千问：为乡镇团青活动确定主题，关键在于贴合乡镇实际，围绕青年的需求和兴趣，突出青春活力与积极向上的态度。下面从乡村振兴、文化传承、志愿服务、文体活动、技能提升这五个角度为你提供主题参考。

1. “青春筑梦·乡韵领航”乡镇青年助力乡村振兴主题活动。围绕乡村振兴战略，组织青年参与产业发展、生态保护、乡村治理等方面的实践。比如开展农业科技培训，让青年学习先进种植养殖技术，参与特色农产品推广活动；组织青年志愿者进行乡村环境整治，助力打造美丽乡村；举办乡村发展规划研讨会，鼓励青年为家乡建设出谋划策。

2. “薪火相传·乡音有我”乡镇青年传承乡土文化主题活动。聚焦乡镇独特的民俗文化、传统技艺、历史故事等，鼓励青年参与文化传承。可以举办民俗文化节，让青年表演传统节目、展示民俗手工艺品；开展乡土文化调研活动，组织青年走访乡村老人，收集整理民间故事传说；举办传统技艺培训班，如剪纸、刺绣、竹编等，让青年学习并传承这些技艺。

3. “青春志愿·情暖乡村”乡镇青年志愿服务主题活动。以志愿服务为载体，组织青年为乡镇居民提供帮助和服务。开展关爱留守儿童和孤寡老人活动，组织青年志愿者定期探访，为他们提供生活照料和心理陪伴；开展义务支教活动，利用周末和假期为乡镇学生辅导功课，开设兴趣课程；举办环保公益活动，组织青年清理乡村垃圾、宣传环保知识 。

4.“律动青春·跃动乡村”乡镇青年文体风采主题活动。举办各类文体活动，丰富乡镇青年的业余生活，展示乡镇青年的青春风采。举办乡村青年运动会，设置趣味运动项目，如插秧比赛、挑扁担接力等；开展文艺汇演活动，鼓励乡村青年表演歌曲、舞蹈、小品等节目；组织户外拓展活动，如徒步、露营、登山等，增强青年体质，培养团队合作精神。

5.“学技强能·青春有为”乡镇青年职业技能提升主题活动。针对乡镇青年就业需求，开展职业技能培训和创业指导活动。举办电商培训课程，帮助青年掌握电商运营技巧，拓宽农产品销售渠道；开展手工制作技能培训，如木工、陶艺等，提升青年就业能力；组织创业分享会，邀请成功创业青年分享经验，为有创业意向的青年提供指导和帮助。

3. 相似文本比较

AI 工具还可以利用文本挖掘技术，对不同公文的关键词、主题等进行提取和分析，通过搜索并比较出相似主题的公文，为我们提供更多的思路和参考，帮助我们了解其他人是如何处理类似问题的，从而为我们自己的写作提供灵感和借鉴。

案例2.5

写作者在智谱清言中输入：我是一名党支部书记，我准备写一篇关于提高“一班人”抓落实能力的政研文章，请通过分析比较，帮我完善以下提纲：一是勤奋学习，求知强能不自满。二是科学决策，遵循规律不蛮干。三是改进作风，真抓实干不漂浮。

智谱清言：

1. 精准定位，明确目标不迷茫
2. 创新思维，勇于探索不守旧
3. 团结协作，凝聚合力不内耗
4. 强化担当，主动作为不推诿
5. 深入调研，把握实际不空想

接着深度提问训练AI：请按照以上提纲，继续补充要写哪些具体内容。

智谱清言：

一、精准定位，明确目标不迷茫

阐述明确目标对工作落实的重要性。分析当前部分“一班人”在目标定位上存在的问题，如目标模糊、缺乏长远规划等。提出通过深入学习上级政策、结合本地实际、广泛征求意见等方式，精准确定切实可行的工作目标，确保工作方向正确、工作重点突出。

二、创新思维，勇于探索不守旧

强调创新思维在应对复杂多变工作环境中的关键作用。指出部分“一班人”思维固化、因循守旧的现状。建议鼓励“一班人”积极学习新知识、新技能，关注行业前沿动态，勇于尝试新方法、新模式；营造创新氛围，建立容错机制，激发创新活力。

三、团结协作，凝聚合力不内耗

说明团结协作对提升工作落实效率的积极意义。分析“一班人”内部存在的沟通不畅、协作不力等问题。提出加强团队建设，开展团队活动，增进成员之间的信任与了解；明确职责分工，加强沟通协调，避免推诿扯皮；树立大局意识，以整体利益为重。

四、强化担当，主动作为不推诿

突出担当精神对履行工作职责的必要性。指出部分“一班人”存在的不敢担当、不愿作为的现象。要求“一班人”增强责任意识，主动承担工作任务；面对困难挑战，敢于迎难而上，积极寻找解决办法；建立健全责任追究机制，对不作为、乱作为的行为进行严肃问责。

五、深入调研，把握实际不空想

阐述深入调研对科学决策和有效落实工作的重要性。分析部分“一班人”调研不深入、走过场的问题。提出“一班人”要主动深入基层、深入群众，了解实际情况；运用科学调研方法，广泛收集信息，确保调研结果真实可靠；将调研成果转化为实际工作举措，提高工作的针对性和实效性。

案例2.6

写作者在天工中输入：我是一名党支部书记，我准备写一篇关于提高“一班人”抓落实能力的政研文章，请通过分析比较，帮我完善以下提纲：一是勤奋学习，求知强能不自满。二是科学决策，遵循规律不蛮干。三是改进作风，真抓实干不漂浮。

天工：以下是仿照现有格式，结合党支部书记工作实际，从多维度完善提升“一班人”抓落实能力的一级标题建议：

一、勤奋学习，求知强能不自满

二、科学决策，遵循规律不蛮干

三、改进作风，真抓实干不漂浮

四、强化担当，攻坚克难不退缩

五、精准施策，靶向发力不偏移

六、统筹兼顾，协同联动不割裂

七、聚焦民生，服务群众不敷衍

2.1.2　画出骨架：找谋篇布局

好的谋篇布局是公文写作成功的关键。AI 工具可以帮助我们进行初步的框架设计。段落划分、结构优化、模版选定成为运用 AI 进行谋篇布局的关键步骤。

1. 段落划分

段落划分是公文写作的重要步骤。合理的段落划分，可以使公文的结构更加清晰、逻辑更加严密。AI 工具可以通过文本分析技术自动划分出公文的段落，帮助我们快速搭建起文章的基本框架。

例如，我们有一篇关于城市规划的公文，AI 工具可以通过文本分析技术将公文划分为“引言”“现状分析”“规划目标”“规划方案”“结论”等段落，从而帮助我们快速搭建起文章的基本框架。这个过程可以避免公文出现段落划分不合理、逻辑不严密等问题，确保公文写作更加规范和专业。

2. 结构优化

基于已有的段落划分，AI 可以提供结构优化的建议。例如，AI 可以根据公文的逻辑关系和内容关联性，调整段落顺序、合并或拆分段落等，使公文的逻辑更加严密、内容更加连贯。结构优化可以提高公文的可读性。

例如，我们有一篇关于城市交通管理的公文，AI 可以根据公文的逻辑关系和内容关联性，将“交通管理措施”与“交通管理效果评估”两个段落合并为一个段落，从而使公文的逻辑更加严密、内容更加连贯。同时，AI还可以根据语义关系和内容相关性，对段落进行重新排序和调整，使公文的逻辑更加清晰、结构更加合理。

3. 模板选定

根据公文的主题和内容，AI可以推荐相应的公文模板。公文模板是AI写作常用的工具，可以帮助我们快速搭建起文章的基本结构。使用模板可以节省大量的时间和精力，提高写作效率和质量。同时，模板还可以帮助我们保持公文格式和风格的一致性，使公文更加规范和专业。

在选择公文模板时，我们可以考虑以下几个因素。

（1）公文主题：根据公文的主题和内容，我们可以推荐相应的公文模板。例如，我们正在写一篇关于城市基础设施建设的公文，就可以推荐关于城市建设规划、城市基础设施管理等主题的公文模板。

（2）格式要求：公文具有严格的格式要求，我们在选择公文模板时需要考虑公文的格式要求。例如，公文需要包含标题、正文、落款等部分，并且需要按照一定的格式进行排版。我们可以选择符合这些格式要求的公文模板。

（3）写作风格：不同的公文写作风格会有所不同，我们在推荐公文模板时需要考虑公文的写作风格。例如，一些公文需要正式、庄重，而另一些公文可以灵活、生动。我们可以根据需要选择对应风格的公文模板。

2.1.3 戴上皇冠：找亮点思路

在公文写作中，亮点和创新点是使公文脱颖而出的关键。通过分析政策、挖掘数据、创新建议，AI工具可以帮助我们找到这些亮点思路。

1. 政策分析

政策是公文写作的重要依据。在公文写作中，我们必须了解相关政策文件的内容和精神实质，才能准确地把握公文的主题。这里要解释的是，政策是广义上的法规要求、制度规定，是指要遵循依照和对标对表的常见要求，AI 工具可以通过对大量政策文件的分析，快速找出与公文主题相关的政策亮点。这些政策亮点可以成为公文写作论点论据的事实依据，为文章内容提供强有力的支撑，使公文内容更具说服力和可信度。

例如，撰写一篇关于城市环保的公文时，我们可以利用 AI 工具分析相关的政策文件，找出与城市环保相关的政策措施、目标、成果等，这些政策亮点可以作为公文的重要依据。同时，AI 工具还可以帮助我们了解相关政策的背景和历史沿革，为公文写作提供更加全面和深入的视角。

2. 数据挖掘

数据是公文写作的重要支撑。在公文写作中，我们必须了解相关数据和趋势，才能准确把握公文的客观性和可信度。AI 工具可以通过数据挖掘技术，找出与公文主题相关的数据和趋势。这些数据和趋势可以为公文写作提供有力的佐证和支撑。

例如，我们需要写一篇关于城市交通管理的公文，可以利用 AI 工具挖掘出城市交通流量、交通拥堵情况、交通事故发生率等相关数据。这些数据作为事实论据，可以使文章更具说服力；数据的使用使文章表述更加直观，可以增强文章的真实性、可读性。同时，AI 工具还可以帮助我们了解相关数据的来源和可靠性，为公文写作提供更加准确和可靠的数据支持。

3. 创新建议

基于 AI 的深度学习技术，它能够分析大量的公文文本，找出其中的创新点和亮点。这些创新点和亮点可以为公文写作增加新的思考角度和观点，使公文具有创新性和前瞻性。

例如，我们需要写一篇关于城市基础设施建设的公文，AI 工具可以分析大量相关的公文文本，找出其中的创新点和亮点。这些创新点和亮点可以成为我们公文写作的重要灵感和参考。同时，AI 工具还可以帮助我们了解相关领域的最新动态和发展趋势，为公文写作提供更全面的视角和更深入的思考。

2.2 用AI高效写公文的基本流程

“输入—补充—校正”是运用 AI 写作的三个常规步骤，前两个步骤具有相似性、重复性，但第三个步骤——校正是最重要的一步，也是 AI 无法替代的一步。目前，AI 写作工具无法完全替代人工写作，必须经过人工校稿、优化，才能确保文稿内容的准确性和质量。

2.2.1 确定输入内容让系统有依据

确定输入内容是用 AI 进行高效公文写作的第一步。输入内容的质量直接影响 AI 系统的写作效果。以下是对这一方面的详细说明。

1. 明确公文写作的目的和主题

在进行公文写作之前，首先需要明确公文的目的和主题。这可以通过与公文任务发布者进行沟通、查阅相关资料等方式来确定。例如，一份关于公司年度报告的公文，其写作目的可能是向股东和投资者展示公司的业绩和成果，主题则可能包括公司的财务状况、业务发展、市场趋势等。

2. 从关键词中寻找思路

在确定了公文的目的和主题后，可以从关键词中寻找思路。关键词是公文主题的精练表达，可以帮助我们快速理解公文的主题和内容。例如，在一份关于公司年度报告的公文中，关键词可能包括“财务状况”“业务发展”“市场趋势”等。这些关键词可以帮助我们快速了解公文内容的重点和方向。

3. 确定公文写作的方向和角度

在确定了公文的目的、主题和关键词后，需要根据公文的受众、目的和主题来确定公文写作的方向和角度。例如，公文的目标受众是投资者，那么写作方向可能以财务报告为主，写作角度则可能包括公司的财务分析、项目预期回报、风险控制等。如果公文的预期受众是政府机构，那么写作方向可能以政策报告为主，写作角度则可能包括政策解读、政策建议等。

综合以上三个维度的解析，我们开始实操演示。

案例2.7

写作者在 DeepSeek 中输入：我是一名旅游平台公司的总经理，我想写一份公司年度报告，主要从财务状况、业务发展、市场趋势三个方面写，目的是向股东和投资者报告，请帮我详细写一下，数据可以空着。

DeepSeek：

尊敬的股东和投资者：

感谢您对我们公司的支持与关注。我作为公司总经理，现非常荣幸地向您呈上我们的年度报告。

一、财务状况

在过去的一年里，我们公司取得了长足的发展。具体的财务数据将在报告中详细呈现，包括总收入、净利润、资产负债情况等。我们的财务状况良好，保持稳步增长，为公司的可持续发展奠定了坚实的基础。

二、业务发展

在过去的一年里，我们公司在业务发展方面取得了显著的成绩。我们通过不断扩大市场份额，推出了一系列创新产品和服务，以满足不断变化的消费者需求。我们的核心业务板块持续增长，用户数量和交易量均有明显提升。我们也持续加强技术研发和运营能力，试图为用户提供更优质的旅游体验。

三、市场趋势

市场趋势对于我们公司制定战略发展决策非常重要。我们密切关注行业发展趋势，包括市场规模、竞争格局和消费者需求的变化。我们积极采取措施，以适应和把握市场变化，保持我们在市场中的竞争力。我们将继续关注新兴技术和创新模式，以保持行业领先地位。

总之，我们的年度报告全面、客观地向股东和投资者展示公司的财务状况、业务发展情况并分析了市场趋势。我们将继续努力，以实现公司的长期稳定发展，与您一起分享成功与成果。

谢谢！

公司总经理　　×××

××××年××月××日

2.2.2 跟进补充提问让结果更完美

在 AI 系统进行公文写作的过程中，可以根据初步写作结果进行提问和补充。这可以帮助 AI 系统更好地理解公文的主题和内容，从而生成更加准确、完整的公文。以下是对这一方面的详细说明。

1. 根据初步写作结果进行提问和补充

在 AI 系统完成初步写作后，需要对公文进行初步审查。这可以帮助我们了解 AI 系统对公文的理解程度和写作质量。在审查过程中，我们可以根据初步写作结果进行提问和补充。例如，如果 AI 系统对公文的某一部分理解不够准确，我们可以提出相应的问题进行补充说明。同时，我们也可以根据公文的实际情况提出一些建议和意见，帮助 AI 系统更好地完善公文。

接着案例 2.7 中的年度报告需求，深度提问训练 DeepSeek。

案例2.8

输入：请继续把以上三个大点分别扩写成三个方面。

DeepSeek：

尊敬的股东和投资者：

感谢您对我们公司的支持与关注。我作为公司总经理，现非常荣幸地向您呈上我们的年度报告。

一、财务状况

在过去的一年里，我们公司取得了长足的发展。具体的财务数据将在报告中详细呈现，包括总收入、净利润、资产负债情况等。我们的财务状况良好，保持稳步增长，为公司的可持续发展奠定了坚实的基础。

1. 总收入：我们公司的总收入达到了 ×× 万元，同比增长了 ××%。这主要得益于我们不断扩大市场份额，提高产品和服务的质量，吸引了更多的用户和交易量。

2. 净利润：我们的净利润为 ×× 万元，同比增长了 ××%。这表明我们公司的盈利能力持续提升，管理和运营的效率得到了提高。

3. 资产负债情况：我们公司的资产总额为 ×× 万元，负债总额为 ×× 万元。财务状况良好，资金运作稳健，为公司未来发展提供了坚实的保障。

二、业务发展

在过去的一年里，我们公司在业务发展方面取得了显著的成绩。我们通过不断扩大市场份额，推出了一系列创新产品和服务，以满足不断变化的消费者需求。我们的核心业务板块持续增长，用户数量和交易量均有明显提升。我们也持续加强技术研发和运营能力，试图为用户提供更优质的旅游体验。

1. 市场份额提升：过去一年，我们公司的市场份额提升到了 ××%。这得益于我们不断拓展市场渠道，加强了与合作伙伴的合作，提高了品牌知名度和用户认可度。

2. 用户数量增长：我们公司的用户数量增长了 ××%。我们通过精准的用户定位和个性化的服务，吸引了更多的用户加入我们的平台，实现了用户规模的快速增长。

3. 交易量增长：我们的交易量增长了 ××%，这反映出用户对我们平台的信任和对我们产品的需求不断增加。我们通过持续优化产品和服务，提高用户体验，促进了交易量的增长。

三、市场趋势

市场趋势对于我们公司制定战略发展决策非常重要。我们密切关注行业发展趋势，包括市场规模、竞争格局和消费者需求的变化。我们积极采取措施，以适应和把握市场变化，保持我们在市场中的竞争力。我们将继续关注新兴技术和创新模式，以保持行业领先地位。

1. 市场规模：我们注意到旅游市场规模持续扩大，这为公司提供了更大的发展空间。我们将抓住市场机遇，持续拓展业务，提高市场份额。

2. 竞争格局：市场竞争格局发生了一些变化，新的竞争对手不断涌现。我们将加强竞争意识，加强自身的核心竞争力，提高产品和服务的质量，以保持我们在市场中的竞争优势。

3. 消费者需求：消费者需求不断变化，目前消费者对个性化、高品质和便捷的旅游体验有更高的要求。我们将持续关注消费者需求的变化，不断创新和改进我们的产品和服务，以满足消费者的需求。

四、展望未来

展望未来，我们对公司的发展充满信心。我们将继续秉持“顾客至上、质量第一”的原则，不断提升产品质量和服务水平，满足用户的需求。同时，我们将加强科技研发和创新能力，积极拓展新的业务领域和市场，提高公司的盈利能力和竞争力。

1. 打造核心竞争力：我们将继续提高自身的核心竞争力，提升品牌影响力和用户认可度，持续提供优质的产品和服务，成为用户首选的旅游平台。

2. 抓住市场机遇：我们将抓住市场机遇，深入挖掘市场需求，推出更多创新产品和服务，实现业务的快速增长。

3. 加强科技创新：我们将加大对科技创新的投入，推动技术研发和创新应用，提高运营效率和用户体验，为用户提供更好的旅游服务。

4. 加强合作伙伴关系：我们将加强与合作伙伴的合作，共同开发新的业务领域，实现互利共赢，共同发展。

最后，我要感谢所有员工的辛勤工作和贡献，感谢股东和投资者的支持和信任。我们将继续努力，为公司的长期发展和股东的利益最大化而努力。

谢谢！

公司总经理　　×××

××××年××月××日

此外，可以调用豆包，进行AI写作比较。

案例2.9

写作者在豆包中输入：我是一名旅游平台公司的总经理，我想写一份公司年度报告，主要从财务状况、业务发展、市场趋势三个方面写，主要是向股东和投资者报告，请帮我详细写一下，数据可以空着。

豆包：

公司年度报告

一、概述

在过去的一年里，我们的旅游平台公司在竞争激烈的市场环境中取得了显著的进步。通过不断创新和优化服务，我们吸引了更多的用户，并提高了用户满意度。本报告将详细介绍公司的财务状况、业务发展情况以及市场趋势分析，为股东和投资者提供全面的运营信息和未来展望。

二、财务状况

1. 收入情况

总收入：××× 万元

同比增长率：××%

主要收入来源：在线预订服务费、广告收入、合作伙伴分成等。

2. 支出情况

总支出：××× 万元

主要支出项目：技术研发、市场营销、员工薪酬、行政费用等。

3. 利润状况

净利润：××× 万元

利润率：××%

4. 现金流

经营活动产生的现金流量净额：××× 万元

投资活动产生的现金流量净额：××× 万元

融资活动产生的现金流量净额：××× 万元

5. 资产负债表

总资产：××× 万元

总负债：××× 万元

股东权益：××× 万元

三、业务发展

1. 用户增长

注册用户数量：××× 万

活跃用户数量：××× 万

用户增长率：××%

2. 产品创新

新增功能和服务：个性化旅游推荐、一站式旅游规划、当地特色体验等。

技术研发投入占比：××%

3. 市场拓展

新增合作伙伴数量：××× 家

拓展国家和地区：新增 ×× 个国家和地区的服务覆盖。

4. 品牌推广

主要市场营销活动：线上线下广告投放、社交媒体推广、合作伙伴联合营销等。

品牌知名度和美誉度提升情况：根据第三方调查数据显示，品牌知名度和美誉度分别提升 ××% 和 ××%。

5. 客户服务与满意度

客户服务体系建设：完善在线客服、电话客服、社交媒体客服等多渠道服务体系。

用户满意度调查：用户满意度达到 ××%，较去年提升 ×× 个百分点。

四、市场趋势分析

1. 行业竞争格局

随着旅游市场的不断扩大和技术的不断进步，行业竞争日趋激烈。越来越多的企业进入旅游行业，通过技术创新和模式创新争夺市场份额。因此，我们需要密切关注市场动态，不断提升自身竞争力。

2. 消费者需求变化

现代旅游消费者越来越注重个性化、品质化和体验化。他们更倾向于选择定制化的旅行产品，追求独特的旅行体验。因此，我们将继续加大在产品创新和服务质量方面的投入，以满足不断变化的消费者需求。

3. 政策法规影响

各国政府对旅游业的政策法规不断调整，可能会对企业的经营产生影响。我们将密切关注相关政策法规的变化，确保公司合规经营，同时寻求政策支持和业务发展的契合点。

4. 技术发展趋势

人工智能、大数据、云计算等技术的不断发展为旅游业带来了创新机会。我们将积极应用这些先进技术，提升用户体验和服务效率，同时降低运营成本。例如，通过大数据分析用户行为，为用户推荐更加精准的旅游产品；利用人工智能技术改进客户服务体系，提高客户满意度等。

5. 环境与社会责任

随着全球对环境保护和可持续发展的日益关注，旅游业也开始转向绿色、低碳、环保的发展方向。我们将积极响应这一趋势，推动绿色旅游产品的研发和推广，同时加强企业社会责任的履行，积极参与公益事业和环保活动。例如，推广生态旅游线路和产品，倡导游客在旅行过程中保护环境；组织员工参与环保公益活动，提升企业的社会形象等。同时，我们也将关注并积极应对各种挑战包括经济波动、自然灾害等不可抗力因素，通过建立风险预警机制和应急预案降低潜在风险对公司业务的影响，保障公司的稳定运营和可持续发展。

五、未来展望

1. 发展战略

在未来一年中，我们将继续秉持创新驱动发展的理念，深化技术研发，提升用户体验，扩大市场份额。具体战略包括：加大在人工智能、大数据等前沿技术领域的投入，提升服务的智能化和个性化水平；拓展全球旅游市场，特别是新兴市场，提高品牌国际影响力；加强与产业链上下游合作伙伴的协同合作，构建旅游生态圈。

2. 产品创新计划

我们将继续推动产品创新，以满足用户日益多样化的旅游需求。计划包括：推出更多主题旅游产品，如文化体验、户外运动、亲子游等；开发基于虚拟现实（VR）和增强现实（AR）技术的旅游体验项目；优化移动端用户体验，提升在线预订服务的便捷性。

3. 市场拓展策略

市场拓展方面，我们将采取以下策略：加强线上线下营销活动的整合，提高品牌曝光度和用户黏性；深化与酒店、航空公司等合作伙伴的战略合作，提供更多优质旅游资源；拓展二、三线城市及农村地区的市场份额，实现更广泛的市场覆盖。

4. 风险应对措施

面对市场波动、政策法规变化等潜在风险，我们将采取以下应对措施：建立完善的风险评估机制，实时监测潜在风险；加强企业内部管理，提高运营效率，降低运营成本；积极寻求政策支持和行业合作，共同应对市场风险。

5. 社会责任与可持续发展

我们将继续履行企业社会责任，推动可持续发展。具体计划包括：积极参与公益事业和环保活动，回馈社会；践行绿色旅游理念，倡导游客在旅行过程中保护环境；加强员工培训和福利保障，提升员工满意度和忠诚度。

六、结语

过去一年里，我们取得了显著的成绩，但也面临着诸多挑战。展望未来，我们将保持战略定力，继续深耕旅游市场，不断创新和优化服务，为用户创造更美好的旅行体验。同时，我们将积极履行社会责任，推动旅游业的可持续发展。我们期待和股东与投资者共同携手，共创辉煌的未来！

2. 利用 AI 的智能问答功能获取更多信息

AI 系统具有智能问答功能，可以为我们提供更多与公文相关的信息。例如，我们可以向 AI 系统提问关于公文主题的相关问题，AI 系统会根据我们的提问提供相应的答案和解释。这些信息可以帮助我们更好地理解公文的主题和内容，从而为后续的写作提供更多的参考和支持。比如，接着案例 2.8 与 DeepSeek 对话。

案例2.10

继续提问训练 DeepSeek：你提到的科技创新具体指的是哪些方面？

DeepSeek：年度报告中提到的科技创新指的是公司在技术研发和创新方面所做出的努力和取得的成果。对于旅游平台公司来说，科技创新可以包括以下几个方面。

1. 技术平台升级：通过引入先进的技术平台和系统，提升公司的技术基础设施，加快响应速度，提高用户服务能力。

2. 大数据分析：通过应用大数据分析技术，对海量的用户数据进行挖掘和分析，为公司制定营销策略、优化产品和提升服务提供数据支持。

3. 人工智能：通过引入人工智能技术，如自然语言处理和机器学习等，提升公司的智能客服和推荐系统能力，为用户提供个性化、精准的服务。

4. 移动互联网技术：结合移动互联网技术，开发公司的移动端应用，提供更便捷的旅游预订、导航和支付等功能，满足用户的多样化需求。

5. 虚拟现实和增强现实：利用虚拟现实和增强现实技术，为用户提供沉浸式的旅游体验，例如虚拟旅游景点导览和增强现实导航等。

3. 根据反馈信息进行修正和完善

在利用AI系统进行公文写作的过程中，我们需要根据反馈信息进行修正和完善。这可以帮助我们及时发现并纠正公文中的错误和不完整之处。同时，我们也可以根据反馈信息对公文进行进一步的优化和完善。如果AI系统生成的公文存在语法错误或错别字等问题，我们可以及时进行修正和完善，也可以根据反馈信息对公文的格式、排版等进行进一步优化和处理。

2.2.3 后续加工完善让文章更优质

在AI系统完成初步写作后，需要对公文进行后续加工和完善。这包括对公文的语法、错别字等进行检查和纠正，对公文的文本格式、排版等进行美化处理等。以下是对这一方面的详细说明。

1. 对公文进行语法检查和错别字纠正

在 AI 系统完成初步写作后，需要对公文进行语法检查和错别字纠正。我们看到，前文运用 DeepSeek、豆包等 AI 平台进行写作时，都出现了不通顺的语句、不流畅的表达，必须及时发现并纠正公文中的语法错误和错别字等问题。同时，我们也可以根据 AI 对语法检查的结果对公文进行进一步的优化和完善。AI 就是这么奇怪，明明知道语法可能有错漏之处，就是无法进行顺畅表达。我们可以根据语法检查的结果对公文的语句结构、表达方式等进行进一步的优化和处理。

2. 利用 AI 的文本排版功能进行美化处理

AI 系统具有文本排版功能，可以对公文的文本格式、排版等进行美化处理。我们可以利用 AI 系统的文本排版功能对公文的字体、字号、行间距等进行调整和处理。同时，也可以利用 AI 系统的图表功能对公文中的数据进行可视化展示和处理。这些美化处理可以让公文更加规范、美观和易读易懂。

3. 对公文进行最后的润色和优化

完成上述步骤，也就意味着初步完成了语言、格式的校对，下一步需要对公文进行最后的润色和优化。我们应当从标题开始，按照一级标题、二级标题、三级标题的框架顺序进行核对，而后对每一段的内容进行通读优化，把口语化的表达、不规范的表述修改成书面语言，增加契合公文写作定位的现实情况、具体数据、案例情形等，让公文更具个性化定制属性。

2.3 用AI精准查资料的基本技能

在运用 AI 进行写作的场景中，成篇章的输出和使用是一方面，碎片化、零星化的资料查询则是另一方面，我们可以运用 AI 平台查询百科内容、典故金句、行业动态等。

2.3.1 查百科内容

在 AI 公文写作中，百科内容的查询和获取是相当重要的一环。由于公文写作往往涉及众多人物、事件、组织等背景信息，这些信息通常需要从百科等渠道获取。利用 AI 工具进行百科查询，可以快速准确地获取所需的信息，提高写作效率。

1. 确定查询关键词

在进行百科查询时，首先需要明确查询的关键词。这些关键词可以是与公文主题相关的名词、短语或人物名称等。例如，如果公文的主题是“城市化进程”，那么就可以围绕这个主题列出一些关键词，如“城市化”“城市规划”“人口流动”等。

2. 选择合适的百科平台

选择一个合适的百科平台也是查资料的关键一步。目前常见的百科平台有百度百科、维基百科（中文版）、互动百科等。在选择平台时，需要考虑平台的权威性、信息的丰富程度以及是否符合公文写作的需求。例如，豆包就自带百度百科搜索，在输入框内输入关键词内容即可进行百科搜索。

案例2.11

写作者在豆包中输入： 帮我百度百科一下，什么是容积率。

豆包：容积率是指一个小区的总建筑面积与用地面积的比率，是反映和衡量建筑用地使用强度的一项重要指标。容积率的值是无量纲的比值，可以用总建筑面积除以建筑用地面积来计算。对于开发商来说，容积率决定地价成本在房屋中占的比例；而对于住户来说，容积率直接关乎居住的舒适度。一般情况下，容积率越低，居民的舒适度越高，反之则舒适度越低。

3. 精细化查询

在选定百科平台后，需要学会使用平台提供的搜索功能和筛选功能，以便精细化地查询所需的信息。例如，可以利用平台的搜索功能，通过关键词搜索相关的条目；也可以利用筛选功能，按照相关性、权威性等指标对搜索结果进行排序和筛选。

案例2.12

写作者在豆包中输入：帮我百度百科一下，小区的容积率标准是多少。

豆包：根据不同城市和地区的规划要求，小区的容积率标准会有所不同。一般来说，在没有特殊规定的情况下，小区的容积率标准如下。

1. 容积率低于0.3，这是非常高档的独栋别墅项目。

2. 容积率0.3～0.5，一般独栋别墅项目，环境还可以，但感觉有点密了。如果穿插部分双拼别墅、联排别墅，就可以解决这个问题了。

3. 容积率0.5～0.8，一般的双拼、联排别墅，如果组合3～4层、局部5层的楼中楼，这个项目的品位就相当高了。

4. 容积率 0.8 ～ 1.2，全部是多层的话，那么环境绝对堪称一流。如果其中夹杂低层甚至联排别墅，那么环境相对而言只能算是一般了。

5. 容积率 1.2 ～ 1.5，正常的多层项目，环境一般。如果是多层与小高层的组合，环境会是一大卖点。

6. 容积率 1.5 ～ 2.0，正常的多层 + 小高层项目。

7. 容积率 2.0 ～ 2.5，正常的小高层项目。

8. 容积率 2.5 ～ 3.0，小高层 + 二类高层项目 (18 层以内)。此时如果全做小高层，环境会很差。

9. 容积率 3.0 ～ 6.0，高层项目 (楼高 100 米以内)。

10. 容积率 6.0 以上，摩天大楼项目。

请注意，上述标准仅供参考，具体的容积率标准还需根据当地的城市规划和相关法规来确定。

2.3.2 查典故金句

在公文写作中，典故和金句的运用可以增加公文的文采和说服力。利用 AI 工具进行典故和金句的查询，能够快速、大量获取所需内容。

1. 确定查询关键词

与百科查询类似，典故和金句的查询也要确定关键词。这些关键词可以是与公文主题相关的成语、典故、名人名言等。例如，如果公文的主题是“科技创新”，那么可以围绕这个主题列出一些关键词，如“牛顿的苹果”“爱因斯坦的相对论”“乔布斯的苹果帝国”等。

案例2.13

写作者在豆包中输入：请针对牛顿的苹果，帮我找一些典故金句。

豆包：“苹果掉在牛顿头上”是一个著名的科学典故，用来形容突发的灵感或发现。以下是一些与这个典故相关的金句。

1. “An apple a day keeps the doctor away.”——这是一句流传很广的谚语，意思是每天吃一个苹果可以保持健康，与苹果和健康有关。

2. “Great discoveries and improvements invariably involve the cooperation of many minds.”——这是牛顿本人对苹果掉落的事件的评论，强调了科学发现需要多个思想的合作。

3. “The falling of an apple caused Newton to reflect on the forces of nature.”——这是描述牛顿因苹果掉落而开始思考自然力量的句子，强调了苹果引发了他的思考和发现。

4. “The apple doesn't fall far from the tree.”——这是一个常用的成语，意思是孩子往往与父母相似，与苹果掉落的典故有关。

这些金句可以用于演讲、写作或引用，以突出苹果掉落的典故及其所代表的意义。

2. 选择合适的典故和金句数据库或平台

查询典故和金句可以选择一些专业的数据库或平台，比如“诗词大全”“名言警句大全”“中国典故网”等。这些平台通常提供大量的典故和金句资源，可以根据关键词进行搜索和筛选。

案例2.14

写作者在豆包中输入：请帮我搜索一下“诗词大全”网站上关于“酒”的诗句。

豆包：

1\. 表达思乡与送别之情：“劝君更尽一杯酒，西出阳关无故人”（王维《送元二使安西》），通过劝酒的场景，体现出对友人远行的担忧与牵挂，以及离别的不舍。“浊酒一杯家万里，燕然未勒归无计”（范仲淹《渔家傲·秋思》），借一杯浊酒抒发了戍边战士思乡却又因未建功立业不能归家的矛盾心情。

2\. 展现豪情壮志与人生感慨：“葡萄美酒夜光杯，欲饮琵琶马上催”（王翰《凉州词二首·其一》），描绘出战士们在出征前开怀畅饮的场面，体现出豪迈奔放的气概。“对酒当歌，人生几何！”（曹操《短歌行》），在饮酒放歌间，抒发了对人生短暂的感慨，以及渴望招揽人才、建功立业的抱负。

3\. 体现生活情趣与闲适心境：“开轩面场圃，把酒话桑麻”（孟浩然《过故人庄》），展现了诗人与友人在农家小院中对着田园美景饮酒畅谈农事的闲适场景。“绿蚁新醅酒，红泥小火炉”（白居易《问刘十九》），新酿的米酒，红泥小火炉，营造出温馨惬意的氛围，体现出一种悠然自得的生活情趣。

2.3.3 查行业动态

公文写作者常常是某一领域的行家，但隔行如隔山，涉及其他行业遇“壁垒”时，AI为大家提供了“破壁”的利器。

1. 选定主题和关键词

在查行业动态时，首先要明确主题和关键词。这需要结合公文写作的目标和主题，确定需要关注的主要行业、领域或事件。例如，如果公文的主题是关于环保政策的，那么主题可以是环保政策的变化、环保技术的进展等。关键词则可以包括环保、政策、技术等相关的词汇。

案例2.15

写作者在豆包中输入：请提供一下目前水资源环保技术的最新进展。

豆包：目前水资源环保技术的最新进展包括下面几项。

1. 智能化监测和管理系统：利用传感器、远程监控和大数据分析等技术，实现对水资源的实时监测和精细化管理，提高水资源利用效率。

2. 膜技术的发展：膜分离技术和反渗透技术等膜技术在水处理和废水处理中得到广泛应用，能够高效去除污染物和回收水资源。

3. 微生物处理技术的创新：通过利用微生物的降解能力，开发出更高效的生物处理技术，如生物滤池、生物膜反应器等，可以高效去除水中的有机物和氮磷等污染物。

4. 新型吸附材料的研发：利用纳米技术和功能材料的发展，研发出具有高吸附能力和选择性的新型吸附材料，可以有效去除水中的重金属、有机物等污染物。

5. 水资源再生利用技术：包括灰水回用、雨水收集利用、污水资源化利用等技术，可以实现水资源的循环利用，减少对传统水资源的依赖。

这些技术的发展和应用有助于提高水资源的利用效率，减少水污染，保护和可持续利用水资源。

2. 选择合适的新闻资讯平台或数据库

选择合适的新闻资讯平台或数据库是获取行业动态的关键。目前，有很多专业的新闻资讯平台和数据库可以提供行业动态的监测和分析。例如，新浪财经、腾讯新闻等新闻资讯平台，以及人民日报、新华社等官方媒体，都会发布大量的行业动态信息。此外，一些专业的行业研究报告数据库或咨询公司也会发布关于行业动态的研究报告。

案例2.16

写作者在豆包中输入：请帮我百度搜索一下近期关于太阳黑子的新闻。

豆包：

近期，美国宇航局（NASA）的“毅力号”火星漫游车在探索火星的杰泽罗环形山时，于8月17日至20日拍摄到太阳表面出现了一个巨大的黑子。“毅力号”比地球上的人们早一个多星期看到这个黑子，而且它可能会继续增大并在太阳表面移动。专家警告称，这个黑子可能会释放高能爆炸，导致地球电网瘫痪。

第3章

拓观点提升“魅力”——应用 AI 赋能

在公文写作过程中，文章的观点映射着思想、叩动着灵魂，往往能够直击读者内心、带动读者情绪，而怎样挖掘观点的深度，是公文写作的一大难题，也是写作者普遍存在的短板。受个人阅历、任职经历、文化程度、社会环境等因素影响，每个人的认知都有一定的盲区和局限性，而运用好 AI 可以很好地帮助我们解决这个问题。AI 赋能公文写作可以深入提升观点的“魅力”、提高文章的可读性。

具体来说，本章将运用 DeepSeek、kimi、豆包等 AI 模型进行写作推演，共分为 5 节，分别是“在时间的尺度上拉长观点跨度，用 AI 追古”“在空间的尺度上扩大观点范围，用 AI 连点成面”“在地域的尺度上突破观点盲区，用 AI 博览中外”“在发展的尺度上延伸观点逻辑，用 AI 贯通始末”，以及“在思想的尺度上挖掘观点内涵，用 AI 冲击内心”。

3.1 拉长时间跨度，用AI追古抚今

在时间的尺度上拉长观点的跨度是把文章写深写实的重要方法之一，通过历史长河中实实在在发生的典故、案例能够很好地调动读者的情绪，引发读者的联想和感悟，进一步提升文章的魅力。具体来看，可以从历史上已经发生、当下正在发生和未来可能发生三个维度上进行概括。

3.1.1 寻觅史料记载的典故

历史长河中发生过无数故事，可以用来支撑你的观点和论述。通过 AI，你可以查询和获取相关的历史典故。举例来说，如果你

想写关于勇敢和坚毅的话题，你可以通过 AI 搜索中外古代历史中的英雄故事，如荆轲刺秦、岳飞抗金等；也可以搜索现代历史中的英雄事迹，如排雷英雄杜富国等。加入这些故事可以使文章更加生动，使读者更好地理解和感受文章的观点。

案例3.1

写作者在 DeepSeek 输入：关于勇敢、坚毅的典故。

DeepSeek：以下是与“勇敢、坚毅”相关的典故及解析：

一、卧薪尝胆——逆境中的坚毅典范

典故出处：《史记·越王勾践世家》

典故内容：

春秋时期，越王勾践被吴王夫差击败后，沦为阶下囚。在吴国为奴三年，他忍辱负重，甚至为夫差尝粪问疾，最终获释归国。归国后，勾践立志复仇，“卧薪”（睡在柴草上）“尝胆”（品尝苦胆），以此磨砺心志。他励精图治，发展生产，训练军队，最终率领越国军队大败吴国，成就霸业。

精神内涵：

典故体现了在逆境中坚韧不拔、刻苦自励的意志品质，成为“发愤图强”的象征，激励后人直面挫折、矢志不渝。

二、唐雎不辱使命——外交场上的勇敢担当

典故出处：《战国策·魏策四》

典故内容：

战国时期，秦国以“易地”为由企图吞并安陵，安陵君派唐雎出使秦国。面对秦王“天子之怒，伏尸百万”的威胁，唐雎毫不畏惧，以“布衣之怒，流血五步”回应，挺剑而起，当庭斥责秦王的野心，（与秦王展开针锋相对的斗争，）最终捍卫了安陵的利益和尊严。

精神内涵：

唐雎在强权面前临危不惧、据理力争，展现了“士”的勇敢气节和使命担当，成为“不畏强暴、坚守正义”的经典范例。

三、班超“不入虎穴，焉得虎子”——胆识与决断的传奇

典故出处：《后汉书·班超传》

典故内容：

东汉时期，班超出使西域至鄯善国，发现国王因匈奴使者到来而态度转变，危及汉朝使团安全。班超当机立断，率36名部下夜袭匈奴使团营地，放火杀敌，全歼百人。次日，他提着匈奴使者的头颅面见鄯善王，迫使对方归附汉朝。

精神内涵：

“不入虎穴，焉得虎子”成为胆识与行动力的象征，体现了在危机中果敢决断、勇于担当的精神，是“主动出击、破局求生”的典范。

四、少年救外黄——智慧与勇气的结合

典故背景：

秦末战乱中，项羽攻克外黄后，欲活埋全城15岁以上男丁。一名13岁少年冒死求见项羽，以“若屠外黄，其他城池必死守”的利害关系劝谏，最终说服项羽放弃暴行，拯救了全城百姓。

精神内涵：

少年以非凡的勇气直面强权，用理性分析化解危机，展现了

“临危不惧、智勇双全”的品质，诠释了勇敢不仅是无畏，更是兼具智慧与担当的抉择。

五、大禹治水——坚毅不拔的实干精神

典故出处:《尚书·禹贡》

典故内容:

上古时期，洪水泛滥，大禹受命治水。他“三过家门而不入”，历时13年，采用疏导之法治理江河，最终平息水患，划定九州。其间，他克服自然险阻与身心磨难，足迹遍及华夏，成为“敬业奉献、坚韧不拔”的象征。

精神内涵:

大禹治水的典故体现了面对艰巨任务时的恒心与毅力，“非知之难，行之惟难”的实干精神，成为中华民族“人定胜天”勇气的文化符号。

接着深度提问训练AI：请讲述一下卧薪尝胆为什么需要巨大的勇气。

DeepSeek：“卧薪尝胆”的故事之所以被视为需要巨大勇气的象征，源于越王勾践在极端困境中展现出的非凡精神力量。这一典故的核心并非简单的“吃苦”，而是包含了多重层面的勇气考验，具体可从以下角度解析:

一、忍受极致屈辱的勇气:从君主到奴隶的身份颠覆

勾践在夫椒之战（前494年）中被吴王夫差击败后，被迫接受了比死亡更残酷的惩罚——成为吴国的奴隶。作为曾经的一国之君，他需要在吴王面前俯首称奴，甚至亲尝夫差的粪便以换取信任（据《吴越春秋》记载）。这种对尊严的自我践踏，挑战了古代

君主“宁为玉碎”的尊严观。在等级森严的贵族社会，沦为仆人、从事喂马劈柴等卑贱劳作，意味着彻底丧失身份认同，而勾践不仅承受了肉体的奴役，更要在精神上压抑仇恨，用谄媚伪装真实意图。这种“自我矮化”需要超越常人的心理韧性——普通人面对屈辱时，本能反应是愤怒或逃避，而勾践选择“主动受辱”，将尊严暂时封存，这需要对抗人性本能的勇气。

二、长期隐忍的勇气：在黑暗中坚守希望

“卧薪尝胆”的“卧薪”（睡在柴草上）和“尝胆”（品尝苦胆）是勾践刻意营造的“痛苦记忆装置”，目的是让自己不忘亡国之耻。但真正的挑战在于，这种自我折磨不是短期行为，而是持续二十余年（前 494 年战败至前 473 年灭吴）的漫长等待。在这期间，他需要在吴国的监视下韬光养晦，回国后又要暗中发展国力，同时向夫差进献美女（如西施）、珍宝以麻痹对手。等待意味着不确定性：吴国随时可能翻脸，越国的复兴计划可能败露，甚至臣民可能对他的“懦弱”产生质疑。在看不到明确未来的情况下，放弃尊严的隐忍很容易被视为“毫无意义的苟活”，而勾践却能将一时的屈辱转化为长期目标的燃料，这种对信念的执着，需要对抗“虚无感”的勇气——即相信当下的牺牲在未来必有回响。

三、直面自我否定的勇气：从“失败者”到“复仇者”的身份重构

勾践的勇气还体现在对自我认知的颠覆上。作为战败者，他必须承认自己的错误（如当初不听范蠡、文种劝谏，贸然攻吴），并放下君主的傲慢，虚心向敌人学习。据记载，他回国后“身自耕作，夫人自织”，与百姓同甘共苦，这种从“统治者”到“劳动者”

的角色转换，打破了贵族特权的惯性。更难的是，他需要压抑作为君主的权威感，接受“复仇计划”中每一个卑微的步骤。这种对自我身份的“解构与重建”，需要直面内心羞耻感的勇气：承认自己曾经的失败，甚至接受他人眼中的“软弱”，而将真正的强大隐藏在谦卑之下。

四、对抗命运的勇气：在绝境中逆转乾坤

春秋时期，诸侯国之间的灭国战争往往意味着君主身死国灭，鲜有复国的先例。勾践面对的不仅是个人的耻辱，更是一个几乎不可能完成的任务——越国国力远弱于吴国，且作为战败国被严格限制发展。他的复仇计划充满风险：一旦被夫差识破，等待他的将是比死亡更残酷的惩罚。但勾践选择了一条“反常规”的道路：用“示弱”代替对抗，用“耐心”代替蛮勇，最终通过“十年生聚，十年教训”积累力量，创造了中国古代史上著名的“以小吞大”奇迹。这种与命运对抗的勇气，本质上是对“既定现实”的挑战——当所有人认为他应该认命时，他偏要在废墟上重建辉煌，这种“逆天改命”的信念，需要超越世俗眼光的胆识。

案例3.2

写作者在Kimi中输入：关于勇敢、坚毅的相关典故。

Kimi：关于勇敢的典故

1. 荆轲刺秦

战国时期，燕国太子丹为抵御强秦，派遣荆轲刺杀秦王嬴政。虽最终失败，但其孤身赴死的勇气成为千古绝唱。司马迁在《史记》中评价：“其立意较然，不欺其志，名垂后世，岂妄也哉！”

2. 项羽破釜沉舟

秦末巨鹿之战中，项羽率楚军渡河后，下令砸毁炊具、沉没渡船，以“破釜沉舟”之决心激发士气，最终以少胜多击败秦军主力。此举展现了绝境中无畏生死的英雄气概。

3. 班超投笔从戎

东汉名将班超早年为官府抄写文书，因感“大丈夫无它志略，犹当效傅介子、张骞立功异域”，毅然投笔从戎。他率三十六骑出使西域，平定五十余国，智勇双全重开丝绸之路，其“不入虎穴，焉得虎子”的豪言彰显出非凡胆识。

4. 祖逖中流击楫

西晋末年，祖逖与刘琨同为司州主簿，闻鸡起舞立志报国。永嘉之乱后，祖逖率部曲百余家北渡长江，中流击楫发誓：“祖逖不能清中原而复济者，有如大江！”他成功收复黄河以南大片土地，成为东晋早期北伐第一人。

5. 岳飞抗金

南宋名将岳飞面对金军铁骑，以“精忠报国”为志，创“岳家军”令金人感叹“撼山易，撼岳家军难”。他坚持“文臣不爱钱，武臣不惜死”，其《满江红》中的豪情激励后世。

关于坚毅的典故

1. 司马迁著史

西汉史学家司马迁因李陵之祸遭宫刑，忍辱负重发愤著书。他在《报任安书》中自述：“人固有一死，或重于泰山，或轻于鸿毛”，历时十四年完成《史记》，其坚韧精神成为后世文人楷模。

2. 玄奘西行

唐代高僧玄奘为求佛法真谛，孤身穿越八百里流沙，翻越帕米尔高原，历时十七年从天竺取回真经。他自述：“宁可就西而死，岂归东而生”，其“九死一生”的求法之路彰显信仰之力。

3. 李时珍尝百草

明代医药学家李时珍为编纂《本草纲目》，三十年跋山涉水遍尝百草。他亲验曼陀罗药性至“昏昏如醉”，以“罗列诸品，反复谛视”的治学态度成就医学巨著。

4. 曹雪芹著书

清代文学家曹雪芹于“举家食粥酒常赊”的困顿中，披阅十载增删五次创作《红楼梦》。他在悼红轩中“字字看来皆是血，十年辛苦不寻常”，终使这部“中国封建社会的百科全书”传世。

5. 徐霞客探幽

明代地理学家徐霞客三十四年间徒步三万里，三十次考察西南岩溶地貌。他在《徐霞客游记》中记载“不避风雨，不惮虎狼”，最终破解“岩溶奇观”成因，其“达人所之未达，探人所之未知”的探索精神彪炳史册。

3.1.2　寻找当下发生的案例

除了历史典故，当代的案例也可以作为支撑观点的材料。AI可以帮助你搜索最新的新闻报道、社会事件和科技进展，以找到相关案例。比如，如果你想探讨科技对社会的影响，你可以通过AI搜索最近的科技新闻，如人工智能的应用、区块链的发展等。

这些案例能够为你的文章提供实际的例证，使文章的观点更有信服力。

案例3.3

写作者在通义千问中输入：最新的科技进展。

通义千问：以下是2023年以来值得关注的最新科技进展（按领域分类），涵盖突破性技术和潜在应用方向：

一、人工智能与机器学习

1. 多模态大模型（如GPT-4V、Gemini）：文本、图像、音频跨模态理解与生成能力显著提升。

2. AI Agent（自主智能体）：能独立完成复杂任务（如AutoGPT、Devin AI程序员）。

3. 小型化与边缘AI：手机端运行大模型（如苹果MLX框架、高通AI芯片）。

二、量子计算

1. 量子纠错突破：IBM、谷歌实现“逻辑量子比特”纠错，向实用化迈进。

2. 我国“祖冲之号”量子计算机：实现255个量子比特操控，全球领先。

三、生物技术与医学

1. 基因编辑2.0：新型碱基编辑技术（如Prime Editing）更精准、副作用更小。

2. AI药物发现：AlphaFold 3预测蛋白质结构，加速新药研发（如抗癌靶点设计）。

3. 脑机接口临床化：Neuralink 首位人类患者植入芯片，实现意念控制设备。

四、能源与材料

1. 可控核聚变进展：美国 NIF 实验室第二次实现“能量净增益”（Q > 1）。

2. 钙钛矿太阳能电池：转换效率突破 33%，接近商业化。

3. 超导材料 LK–99 争议：韩国团队宣称室温常压超导，尚未复现成功，但引发材料学新探索。

接着深度提问训练 AI：如果你是生物技术从业者，你怎么看待行业发展趋势?

通义千问：作为生物技术从业者，我认为行业正经历前所未有的技术融合与产业变革，未来 5~10 年的发展将围绕以下核心方向展开，同时也面临关键挑战：

一、基因编辑进入“精准治疗时代”

1. CRISPR 2.0（如碱基编辑、Prime Editing）将逐步替代传统 CRISPR，解决脱靶问题，推动遗传病、癌症治疗的临床落地（例如 Vertex 的镰刀型贫血症疗法已获批）。

2. 体内基因编辑（如脂质纳米颗粒递送技术）成为新竞争点，无须体外细胞改造，直接靶向病变组织。

二、AI+ 生物学的深度耦合

1. AlphaFold 3 等工具将重构药物研发流程：从靶点发现到临床试验设计，效率提升 10 倍以上（例如 Insilico Medicine 的 AI 设计药物进入 II 期临床）。

2. 合成生物学 +AI：自动化菌株设计平台（如 Ginkgo Bioworks）

正在颠覆传统生物制造，加速生物基材料、燃料开发。

三、细胞治疗从“定制化”走向“通用化”

1. 现货型CAR-T(UCAR-T)和干细胞衍生疗法(如iPSC-NK细胞)突破个体化制备瓶颈，降低成本至传统CAR-T的1/10。

2. 器官芯片（Organ-on-a-Chip）替代动物实验，加速细胞治疗安全性验证。

四、多组学整合与早筛革命

1. 液体活检技术（如ctDNA、外泌体检测）推动癌症早筛进入“泛癌种、超早期”阶段（如Grail的Galleri测试）。

2. 空间组学（Spatial Omics）实现细胞微环境三维解析，为肿瘤免疫治疗提供新靶点。

案例3.4

写作者在智谱清言中输入：最新的科技进展。

智谱清言：以下是一些2024年以来的最新科技进展：

1. 量子计算：谷歌发布的Willow芯片解决了量子纠错难题，微软的24量子比特纠缠技术实现突破。量子计算机运算速度极快，能在10秒内完成传统计算机需10年才能完成的工作量，可加快药物研发进程，还使密码破解领域面临变革。

2. AR眼镜：XREAL新一代眼镜可投射147英寸虚拟屏，三星AR眼镜能营造逼真3D效果。导航信息可投射在路面，观看演唱会能有沉浸式体验，买菜时还能通过AR比价。法国的智能镜子能检查身体并监测器官健康状况。

3. 人形机器人：特斯拉Optimus二代即将量产，智元“远征

A2”已经亮相。人形机器人具备强大的行动能力，能乘坐电梯、搬运货物，还能通过表情与人类沟通。日本猫形机器人能用“吹气”技术为食物降温。

4. 智能家居：TCL 第三代艺术电视显示效果出色且能自动生成油画，苹果智能门铃配备 FaceID 解锁并与第三方锁兼容。智能家居设备相互联动，打造舒适、便捷、安全的居住环境。

5. 脑机接口：2025 年脑机接口设备实现轻量化，重量可能低至 30 克。用户通过脑机接口打字速度比键盘快 3 倍，玩游戏可用“想象”操控角色。在医疗领域，能帮助瘫痪患者用意念喝咖啡，让渐冻症患者重获语言能力。

6. 6G 网络：华为、三星的 6G 基站进入测试阶段，6G 网络延迟低至 0.1 毫秒。这使无人机送快递、无人车组队出行等场景成为可能。

3.1.3　探索未来发展的趋势

除了过去和现在，对未来的展望也是引人关注的话题。通过 AI，你可以了解当前的趋势，也可以根据趋势进行预测，以帮助你描绘未来的发展。例如，如果你写关于环境保护的主题，你可以通过 AI 了解最新的环保技术、可持续发展的倡议和政策动向。对这些趋势的探索能够使你的文章具有前瞻性和深度，引导读者思考未来发展的可能性。

案例3.5

写作者在豆包中输入：最新环保技术。

豆包：最新的环保技术包括以下几个方面的进展。

1. 可再生能源技术：太阳能和风能等可再生能源技术的发展不断推进。太阳能电池板的效率提高，同时成本也在逐渐降低，促使更多的人采用太阳能发电。风能技术也在不断创新，风力发电机的效率提高，风能的利用范围扩大。

2. 储能技术：储能技术对于可再生能源的可持续利用至关重要。目前，电池是最常见的储能方式，而锂离子电池是目前常用的储能技术之一。近年来，锂离子电池的能量密度提高，寿命延长，成本下降，使得储能技术在可再生能源领域得到广泛应用。

3. 智能电网：智能电网将可再生能源、储能技术和先进的通信技术相结合，实现了对能源的更高效管理。智能电网可以实时监测电力需求和供应情况，调整能源分配，减少能源浪费，并提高电网的稳定性和可靠性。

4. 环境监测和治理技术：随着环境问题的日益突出，环境监测和治理技术也在不断发展。传感器技术的进步和数据分析的应用使得环境监测更加精准和高效。同时，污水处理技术、废物处理技术和大气污染治理技术也在不断创新，以减少对环境的负面影响。

5. 可持续交通技术：可持续交通技术的发展旨在减少对化石燃料的依赖和减少交通对环境的影响。电动汽车技术的进步使得电动汽车更加普及，同时充电基础设施的建设也在加快。此外，共享出行和智能交通管理系统等技术也在推动交通领域的可持续发展。

这些是当前环保技术领域的一些进展，旨在减少对自然资源的消耗，降低对环境的影响，并推动可持续发展。随着科技的不断进步，我们可以期待更多创新和突破在环保领域得以实现。

接着深度提问训练AI：请站在可再生能源的角度，详细介绍一下其中涉及的关键技术。

豆包：当涉及可再生能源时，有许多关键技术可以提到。以下是一些与可再生能源相关的关键技术。

1. 太阳能技术：太阳能是一种重要的可再生能源，利用太阳辐射转化可用能源。关键技术包括太阳能光伏发电和太阳能热能利用。太阳能光伏发电利用光伏电池将太阳光直接转化为电能，而太阳能热能利用则将太阳能转化为热能，用于供暖等领域。

2. 风能技术：风能是另一种重要的可再生能源，利用风力转化电能。关键技术包括风力发电机的设计与制造、风能资源评估、风力发电场的规划与管理等。

3. 水能技术：水能是可再生能源中最早被广泛利用的形式之一。水能可以通过水力发电站转化为电能。关键技术包括水力发电机组、水电站的设计与运营管理等。

4. 生物质能技术：生物质能利用生物质资源转化能源。关键技术包括生物质的收集、储存和利用，如生物质燃烧发电、生物质气化等。

5. 地热能技术：地热能是利用地壳内部的热能转化电能或热能。关键技术包括地热发电技术和地热供暖技术等。

除了这些特定的可再生能源技术外，还有一些关键技术可用于整合和优化可再生能源系统，以提高其效率和可靠性。

1. 储能技术：由于可再生能源的间歇性特点，储能技术对于平衡供需、实现持续供电至关重要。关键技术包括电池储能、压缩空气储能、水泵储能等。

2. 智能电网技术：智能电网（也称为微电网）可以将可再生能源与传统能源系统进行集成，实现能源的高效分配和管理。关键技术包括智能电表、能源管理系统、电力电子设备等。

3. 能源互联网技术：通过信息和通信技术的应用，实现能源的智能化、数字化和互联互通。关键技术包括物联网、大数据分析、人工智能等。

这些关键技术的不断发展和创新有助于提高可再生能源的利用率，推动其可持续发展，进一步减少对传统化石燃料的依赖，降低碳排放，促进能源转型和环境保护。

案例3.6

写作者在 Kimi 中输入：最新环保技术。

Kimi：

1. 沼气应用：沼气是一种可再生能源，通过微生物发酵有机废弃物产生。沼气可用于发电、供暖和照明等。这项技术有助于减少温室气体排放，同时还能解决废弃物处理问题。

2. 环保表面处理新技术：新型环保表面处理技术采用无污染或低污染工艺，减少有害化学物质的使用，降低对环境和人体健康的危害。

3. 水处理技术：新型水处理技术包括高级氧化技术、生物处理技术、膜分离技术等。这些技术有助于更有效地去除水中的污染物，保障水资源安全。

4. 空气净化技术：新型空气净化技术如静电吸附、活性炭吸附等，可以有效去除空气中的有害气体、颗粒物等污染物，改善空气质量。

5. 节能环保建筑技术：绿色建筑设计和节能材料的应用，如太阳能电池板、绿色屋顶、高效保温材料等，降低建筑能耗，减少温室气体排放。

3.2　扩大空间范围，用AI连点成面

公文写作面临的对象无非上、下、外三个维度。对上，必须对标上级的思路做法；对下，必须紧紧抓住基层一线的具体实际；对外，必须服务人民的真实需求。AI 作为一种智能化、集成化较好的成熟产品，用它写作可以免去来回换位思考，进行角色转换，AI 能提供三个维度上的观点范围，使文章具有整体性和全面性。

3.2.1　连接基层一线的感受

在公文写作中，连接基层一线的感受是非常重要的。AI 可以通过连点成面的方式，帮助我们获取基层一线的实际情况和观点。通过与基层工作人员的交流和对话，AI 可以了解他们的需求、他们面临的挑战和他们的反馈意见。这样一来，我们就可以更好地理解基层一线的工作环境和现实问题，将这些感受融入公文，使文章更具针对性和实用性。

例如，在起草一份关于基层农田水利建设的公文时，可以通过与 AI 的对话了解农田水利工作者面临的困难和实际需求。AI 可以提供有关基层农田水利建设的相关案例，了解不同地区的情况

和工作重点。这样，写作者就可以在公文中提及这些案例，更好地反映基层一线的情况，为制定相关政策和措施提供有益的建议。

案例3.7

写作者在DeepSeek中输入：请提供有关基层农田水利建设的实际案例。

DeepSeek：以下是一些基层农田水利建设的实际案例：

一、A县农田水利灌溉设施升级

1. 政策资金保障：制定《A县水利建设资金补助办法》，县财政按规定标准安排补助资金，还通过水利工程维修养护（精准补贴）项目提供资金支持。

2. 部门协作联动：发挥领导小组、联席会议制度作用，结合农业农村局高标准农田、自然资源和规划局土地综合整治项目，使新（改）建灌溉泵站按“高效、节水，安全、实用，整洁、美丽”标准设计、建设和验收。

3. 长效管护机制：推行“管养分离”新模式，实现物业化管护覆盖100%，制定相关管护和考核办法，巩固改革成效。打造一批县级“星级机埠”，相关泵站获评省级“五个一百”优秀典型案例。

二、B县高标准农田建设

1. 背景：B县光热资源充足，但水资源匮乏，年降雨量稀少，长期制约农业产业发展。

2. 措施：将高标准农田建设与水价改革结合，深入开展农业水价改革和农田水利设施产权制度改革，推动高效节水灌溉项目。引入第三方机构，委托用水专业合作社统一负责用水管理、设施维护等，建立政府主导、企业主建、三方共管、受益共担的管护机制。

3. 成果：自动化灌溉管道直通田间，群众通过智能水表“精准计量、刷卡取水”，实现24小时充值刷卡取水，还能将水和液体有机肥精准送达农作物根部。坝区高标准农田使土地贫瘠、干旱缺水等旧貌彻底改变，供水保证率从50%提高到90%，灌溉水有效利用系数从0.42提高到0.9，土地亩均产值从5000元提高到8000元。

3.2.2 对接领导机关的思路

在公文写作中，对接上级领导机关的思路是至关重要的。AI可以作为我们与领导机关对话的桥梁，帮助我们理解他们的关注点、政策导向和决策思路。通过与AI的交流，我们可以获取对上级领导的思维方式和做法的洞察，从而更好地与上级对接，使公文更符合上级的预期和要求。

举例来说，如果需要起草一份关于教育改革的公文，AI可以提供与教育部门相关的政策文件、领导讲话和会议纪要等信息。这样，就可以更好地理解教育部门的政策导向和改革方向，将这些思路融入公文写作中，使文章更具前瞻性和可操作性。同时，AI还可以提供其他国家或地区的教育改革案例，帮助我们在借鉴先进经验和做法的基础上在公文中提出更加切实可行的建议。

案例3.8

写作者在豆包输入：教育部门的相关政策文件。

豆包：

1.《中华人民共和国教育法》：该法规定了全国教育的基本原

则和政策，包括义务教育、高等教育、职业教育等方面的规定，旨在保障公民的受教育权利，促进教育发展，提高教育质量。

2.《中共中央 国务院关于深化教育改革全面推进素质教育的决定》：该决定提出了深化教育改革和全面推进素质教育的目标和任务，包括优化教育结构、改革教育内容和教学方法、培养德智体美劳全面发展的人等方面的具体政策措施。

3.《国务院关于加快发展现代职业教育的决定》：该决定提出了加快发展现代职业教育的重要意义和目标，包括推进职业教育改革、提高职业教育质量、加强师资队伍建设等方面的政策措施。

4.《国务院关于深入推进义务教育均衡发展的意见》：该文件明确了全面推进义务教育均衡发展的目标和举措，包括优化资源配置、加强教师队伍建设、改善农村学校条件等方面的政策要求。

5.《国家中长期教育改革和发展规划纲要（2010—2020 年）》：该规划纲要提出了教育改革和发展的总体目标和主要任务，包括提高教育质量、促进教育公平、加强教师队伍建设、推进教育信息化等方面的政策措施。

接着深度提问训练 AI：我刚刚接触《中华人民共和国教育法》这部法律，请迅速帮我解读一下法律的要点。

豆包：根据用户的要求，我可以为您迅速解读《中华人民共和国教育法》的要点。请注意，以下是根据我在 2021 年的知识进行的解读，可能不包含最新的修订内容。《中华人民共和国教育法》是中国的一项重要法律，旨在规范和促进全国范围内教育事业的发展。以下是该法律的要点。

1. 教育目的：明确了教育的基本任务，即培养社会主义事业的建设者和接班人。

2. 义务教育：规定了义务教育的对象和内容，明确所有适龄儿童、少年必须接受九年义务教育，不收学费、杂费。

3. 学校管理：规定了学校的管理原则和机制，包括学校的办学自主权、教师的职责和权利、学生的权益保护等。

4. 教育资源：强调国家要加大对教育事业的投入，保障教育资源的合理配置，提高教育的普及程度和质量。

要求教师遵守职业道德，加强师德师风建设，为学生树立良好的榜样。

规定了对残疾儿童和有特殊教育需求学生的教育保障措施，包括提供适当的教育资源和支持。

5. 学生权益保护：强调保护学生的合法权益，包括受教育权、人身权、知情权等。

3.2.3　承接人民群众的看法

公文作为政府、机关、团体等组织进行工作联系、信息传达和政策执行的重要工具，其核心宗旨始终围绕着服务人民这一中心思想展开。因此，了解和承接人民群众的看法是非常重要的。AI可以通过和广大群众的对话与交流，帮助写作者获取人民的意见、建议和关注点。这样一来，写作者可以更好地代表人民的利益，将人民的声音融入公文，使其更具代表性和信服力。

例如，我们需要起草一份关于社会保障改革的公文，AI 可以提供与社会保障相关的民意调查结果、媒体报道和社会热点问题等信息。通过与 AI 的对话，我们可以了解人民群众对社会保障改革的期望和关切、对现有政策的评价和建议。这样，就可以在公文中反映人民的声音，针对性地提出改革方案，更好地满足人民的需求。

案例3.9

写作者在天工中输入：与社会保障相关的媒体报道。

天工：根据你的要求，以下是与社会保障相关的媒体报道的一些例子。

1. “社会保障体系改革方案获通过”——这篇报道可能是关于国家或地区社会保障体系改革方案获得批准或通过的消息。它可能包括改革目标、政策调整和影响等方面的内容。

2. “调查显示公众对社会保障政策的看法”——这篇报道可能介绍了一项关于公众对社会保障政策的看法和态度的调查结果。它可能包括公众对社会保障制度的满意度、改革建议或对特定政策举措的支持程度等方面的内容。

3. “社会保障基金面临挑战”——这篇报道可能探讨了社会保障基金面临的挑战和问题。它可能涉及养老金、医疗保险或失业保险等方面的资金压力、可持续性和未来发展的展望。

4. “社会保障改革对特定群体的影响”——这篇报道可能关注社会保障改革对特定群体的影响，例如退休人员、低收入家庭或残疾人群体等。它可能涉及政策调整、福利改革或社会保障体系的包容性等方面的内容。

请注意，具体的媒体报道会因时间、地区和具体事件的不同而有所变化。建议你浏览当地和全球主要媒体机构的网站或使用新闻搜索引擎来查找与社会保障相关的最新报道。

接着深度提问训练 AI：社会保障基金当前面临哪些挑战，你能为我提供哪些好的意见建议。

天工：社会保障基金当前面临以下几个挑战。

1. 人口老龄化：随着人口老龄化程度的加深，社会保障基金面临养老金支付压力增大的挑战。老年人口增多，需要支付的养老金数量增加，而缴纳养老保险的劳动力人口相对减少，导致养老金供需不平衡。

2. 财政压力：社会保障基金通常依赖于政府财政拨款和社会保险费收入。然而，财政压力可能导致政府无法及时足额拨款，而社会保险费的征收也面临着经济增速放缓、就业困难等问题。

3. 不均衡发展：不同地区、不同行业之间的社会保障发展不平衡也是一个挑战。一些地区可能面临财政困难，无法提供足够的社会保障待遇；而一些行业的劳动者可能面临保障待遇不足或缺乏的问题。

针对这些挑战，以下是一些意见和建议。

1. 资金筹措的多元化：探索多元化的资金筹措方式，如提高社会保险费征收的覆盖面和比例，鼓励企业和个人参与社会保障基金的投资等。

2. 加强财政支持：政府应加大对社会保障基金的财政支持，确保养老金等待遇的及时支付。同时，加强财政预算的合理安排，确保社会保障基金的可持续发展。

3. 优化养老金制度：结合实际情况，适当提高退休年龄，延长劳动年限，增加个人缴费比例等，以缓解人口老龄化给养老金支付带来的压力。

4. 促进就业和经济发展：鼓励创造更多就业机会，提高劳动力参与社会保障的覆盖率。同时，积极推动经济结构调整和发展，为社会保障基金的筹措提供更稳定的经济基础。

5. 加强监管和风险管理：建立健全社会保障基金监管机制，加强风险评估和管理，防范潜在的风险和资金挪用等问题。

3.3 突破地域盲区，用AI博览中外

公文写作服务于党政机关，而我国地大物博，南北差异巨大、东西区别明显，公文写作需要根据区位实际，写出各自地域的特色和特点，且需要综合对比中外相关信息的变化和发展，为领导和党组织提供全方位辅助的决策信息，产出高质量的公文信息产品。比如，与地域变化关系密切的社会保障这一问题相关的公文，我们可以从三个视角应用 AI。

3.3.1 向内看，融合国内各省份的实际

在向内看的过程中，我们应该关注国内各省份的实际情况，了解不同地区在社会保障方面的差异和需求。AI 可以通过收集、整理和分析各省份的社会保障政策、经济发展状况、人口结构等数据，为决策者提供地区间的比较和对比。例如，对于社会保障改革方案的制订，可以根据各省份的经济发展水平、人口老龄化情况、就业结构等因素，提供具体的政策建议和预测模型，以满足不同地区的需求。

此外，AI 还可以通过对比不同地区的做法和效果，分析和总结各省份在社会保障方面的成功经验和教训，为其他地区提供借

鉴和参考，促进全国范围内社会保障制度的改进和创新。

3.3.2　向外看，思考国际各地区的情况

在向外看的过程中，我们应该关注国际各地区的社会保障情况，了解不同国家或地区在社会保障领域的经验和做法。AI 可以通过收集、整理和分析国际上各个国家或地区的社会保障政策、养老金制度、医疗保险模式等信息，为决策者提供国际对比和借鉴。

例如，对于社会保障改革的方向和路径选择，可以借鉴其他国家或地区的成功案例，了解其政策设计和实施过程中的优势和挑战。同时，也要关注其他国家或地区在社会保障领域的创新做法，以及不同制度模式下的效果和影响。这样可以帮助我们更好地把握国际趋势，为我国的社会保障改革提供参考和借鉴。

3.3.3　跳出看，对比常见的经验和做法

除了向内看和向外看，我们还应该跳出常见的经验和做法的范围，进行更广泛的对比和思考。AI 可以帮助我们分析和总结不同地区、不同国家在社会保障领域的创新实践和探索，思考其背后的原理和机制。

通过与各地区、各国家的专家进行交流和讨论，可以获取更深入的洞察和理解。这样的对比和思考，可以帮助我们发现新的问题、解决现有问题，为公文写作提供更具前瞻性的观点和建议。

我们可以在政策制定、改革方案设计、社会保障体系优化等方面运用 AI 进行公文写作。通过对国内各省份的实际情况进行融合分析，AI 可以为决策者提供具体的地区差异化政策建议，以满足

不同地区的需求。同时，通过向外看，了解国际各地区的经验和做法，AI 可以为我国的社会保障改革提供借鉴和参考，促进制度创新和效率提升。

3.4　延伸观点逻辑，用AI贯通始末

事物的发展变化往往是公文写作的难点，考验着写作者的政治意识、大局意识，也考验着写作者的综合能力、专业素质。不同的岗位类型判断自身业务或者重点工作的发展方向大为不同，往往在熟悉领域写某项专业性的材料，大家都能得心应手，但若面对临时交付的跨岗位、跨专业的材料，很多人往往由于知识盲区、业务壁垒，无法把文章写准写全写好。如今，GhatGPT 为我们破除了这个壁垒。

3.4.1　剖析事物发展的根本起源

AI 语言模型是基于自然语言处理技术构建的一种人工智能模型，可以帮助我们剖析事物发展的根本起源。它通过大量的训练数据和自然语言处理技术，能够理解和分析各种文本材料。在写作中，我们可以利用 AI 的能力来深入研究事物的起源，探索其发展的原因和动力。通过与 AI 的交互，我们可以提出问题、寻找线索，并得到深入的解释和分析，从而更好地理解事物的本质和发展趋势。

3.4.2　分析工作推进的关键进程

在工作推进过程中，了解和分析关键进程至关重要。AI 可以帮助我们在这方面作出贡献。通过与 AI 的对话，我们可以讨论工

作的各个方面，了解不同进程之间的相互关系和影响。AI 可以提供背景知识、解释相关概念，并帮助我们思考如何推进工作，找到解决问题的方法和策略。它还可以根据我们的需求提供建议和观点，让我们更好地规划和执行工作计划。

案例3.10

写作者在豆包中输入：如何抓好思想政治教育。

豆包：

1. 提高自身思想政治素养：作为教育者，首先要不断学习和提升自己的思想政治素养。了解国家的基本政治制度、法律法规以及时事政治热点等内容，能够更好地引导学生。

2. 设计多样化的教学内容：思想政治教育应该注重多样化的教学内容，包括历史、政治理论、社会伦理等方面的知识。通过多种形式的教学手段，如讲座、讨论、案例分析等，激发学生的学习兴趣和思考能力。

3. 强化实践教学：思想政治教育不仅仅是理论知识的灌输，还需要通过实践活动来增强学生的实际操作能力。可以组织学生实地参观、参与社会实践项目、开展模拟演练等，让学生亲身体验和实践思想政治教育的内容。

4. 注重培养学生的思辨能力：思想政治教育应该注重培养学生的思辨和批判思维能力，引导他们主动思考、分析问题，并形成独立的判断和观点。可以通过辩论、论文写作、小组讨论等方式锻炼学生的思辨能力。

5. 创造良好的教育环境：为了抓好思想政治教育，需要创造积极健康的教育环境。教师要树立正确的教育观念，注重师生之间的良好关系和互动，鼓励学生表达自己的思想和观点，营造开放、民主的学习氛围。

接着深度提问训练AI：我是大学里的一名思政辅导员，请帮我想一下当前年轻学生思想有哪些活跃点。

豆包：当前年轻学生思想的活跃点有以下几个方面。

1. 就业与创业观念：当前年轻学生非常关注就业和创业问题，他们对就业市场的需求和趋势有着较为敏锐的观察和思考，并积极探索创新的就业和创业机会。

2. 个人成长和自我实现：年轻学生注重个人发展和成长，他们关注自己的兴趣和潜力，并积极寻求个人价值的实现。他们关注自我价值的提升，追求个人成就和社会地位的提高。

3. 社会公平与公正：年轻学生对社会公平和公正问题有着较高的关注度，他们关心不公平社会现象和各类社会问题，并积极参与公益活动和社会改革。

4. 科技与创新：年轻学生对科技和创新有着浓厚的兴趣，他们关注科技的发展和应用，积极探索科技创新的机会和途径，追求科技创新的突破和应用的价值。

5. 环保与可持续发展：年轻学生对环境保护和可持续发展问题有着较高的关注度，他们关心环境污染和资源浪费等问题，并积极参与环保行动和可持续发展的实践。

案例3.11

写作者在通义千问中输入：如何抓好思想政治教育。

通义千问：如何好好进行思想政治教育是一个重要的话题。在前面我们讨论了许多重要方面，比如重视批判性思考、政治理论等。我补充几点意见。

1. 注重培养学生平等、包容和互相尊重的精神，通过友好对话来深入理解不同观点。

2. 使用当地的示例告诉学生，公民参与如何影响政策和社会。许多成功案例可以启发他人。

3. 注重培养学生独立思考的能力。教师应引导而不是灌输，让学生发现真理。

4. 深入浅出地谈论政治，与学生的认知水平相匹配。以相对轻松的方式帮助他们建立兴趣。

5. 重视实践，使理论知识能够应用于现实生活中。这有助于深化学生的学习。

3.4.3　预判情况演变的未来形态

在写作中，预判情况的演变是一个重要的能力。AI 可以帮助我们预测事物发展的未来形态。通过与 AI 的交互，我们可以探讨不同的情景和发展趋势，提出假设并进行推理。AI 可以根据现有的信息和知识，结合其对大量文本数据的理解，给出合理的预测和推测。这有助于我们做出明智的决策和规划，以应对未来可能出现的变化和挑战。

3.5　挖掘思想内涵，用AI冲击内心

公文的深度是由观点的深度决定的，而观点的深度往往受思

想深度的制约，许多负责公文写作的同志在工作中感慨，非常后悔在校期间没有多阅读书籍、深入思考、提炼观点，形成自身的思想逻辑体系，导致当下写一篇公文往往要查询许多书籍和资料，非常耽误写作进程。而 AI 可以通过挖掘思想深度来扩充观点内涵，帮助我们写出有思想、有深度、有水平的好公文。

3.5.1 助你向下深挖思想

AI 可以从不同的角度和维度思考问题，并提供新颖的观点和见解。通过与 AI 的对话，你可以迅速获取大量的背景知识和概念，并借助其逻辑推理和创造性思维能力，深入挖掘思想的内核。AI 可以帮助你拓宽思维边界，发现观点中隐藏的深度，从而提升写作的质量和水平。

3.5.2 助你重点表达思想

通过与 AI 的对话，你可以将思维碎片整合成有机的思想结构，并筛选出最关键、最有深度的观点。AI 可以帮助你梳理思路，找到线索，提取主旨，从而更好地组织和展开文章。同时，AI 还可以提供实例、引用和案例分析等支持，使思想的重点更具说服力和可信度。

3.5.3 助你完善初步思想

它可以帮助你将挖掘到的思想内涵转化为具体的语言，提供恰当的词汇和句式，使文章更具表现力和感染力。通过与 AI 的互动，你可以进行多次的反复修改和润色，逐渐完善观点的表达。同时，AI 还可以提供写作建议和技巧，帮助你提升写作效率和质量。

第4章

为布局优化“构思”——巧用 AI 找灵感

好的文章成于灵感、精于结构，灵感这个“写作源”出不来，往往成为文章“难产”的重要原因。缺乏灵感，就无法巧妙构思，更无法谋篇布局。因此，要写出一篇精妙好文，就要从灵感上下功夫、从结构上用心思。AI 写作工具得益于大数据库和综合能力，可以为写作者提供创作灵感，为文章布局优化构思。

4.1 点出“文眼”，用AI找文章核心

在信息爆炸的时代，我们每天都面临着海量的信息输入。如何从这些信息中快速而准确地找到文章的核心，即“文眼”，成为公文读者和作者共同面临的挑战。传统写作为了捕捉文章的“文眼”，作者需要具备高超的阅读技巧、敏锐的信息筛选能力和丰富的专业知识。随着 AI 技术的快速发展，我们有了更加强大的工具来辅助完成这一任务。

4.1.1 AI 分析与文章核心定位的关联

AI 写作工具与文章核心的关联不仅在于其强大的计算和信息处理能力，更在于其对自然语言的理解和解读。通过深度学习、自然语言处理（NLP）等技术，AI 写作工具可以深入文本内部，理解其语义、情感和语境，从而精准地定位文章的核心内容。这种关联使得 AI 写作工具成为我们寻找“文眼”的有力助手。

在实际应用中，AI 写作工具可以通过对文本进行语义分析、情感分析、主题分类等操作来提取文章的关键信息。这些关键信息包括但不限于文章的主要观点、情感倾向、研究主题等，它们共同构成了文章的核心内容。通过 AI 写作工具的分析和提取，我们可

以更加快速地了解文章的主旨和意图，从而提高阅读效率和理解能力。

4.1.2 利用 AI 识别文章主旨的方法

在利用 AI 写作工具识别文章主旨时，我们需要采取一系列人工干预来确保准确性。首先，选择合适的 AI 工具至关重要。前文中我们讲过，DeepSeek、Kimi、豆包、通义千问等 AI 模型，在文本处理能力和自然语言理解能力上存在差异，因此我们需要根据具体需求选择合适的工具。例如，对于学术论文的分析，我们可以选择 DeepSeek；对于新闻报道的解读，我们则可以选择豆包。

在选择好对应的 AI 模型后，我们需要对输入文本进行适当的预处理，包括去除无关信息、提取关键段落、分词等操作，这些操作有助于 AI 工具更好地理解和分析文本内容。通过预处理，可以减少干扰信息对 AI 分析的影响，提高分析的准确性。比如对需要预处理的语句进行人工分段，把缩略词改为全称，对含有个性化语义的词语进行注释等，这些都是人工预处理的部分。

在进行文本预处理后，就可以在 AI 写作工具中输入需要分析文章核心内容的段落了。AI 工具虽然强大，但并不能完全替代人的思考和判断。写作者需要结合自己的专业知识和经验，对 AI 工具的分析结果进行审慎的解读和判断，以确保准确理解文章的核心内容。

4.1.3 AI 在内容摘要与关键词提取中的生动应用

AI 在内容摘要和关键词提取方面的应用为我们带来了极大的

便利。传统写作中的内容摘要和关键词提取需要耗费大量时间和精力，而 AI 工具可以通过自动化处理来迅速生成高质量的摘要和关键词列表。

在内容摘要方面，AI 工具可以通过对文本进行语义分析和信息抽取，将长篇文章缩减为简洁明了的摘要。摘要通常包含文章的主要观点、关键信息和结论，能够帮助我们快速了解文章的核心内容。同时，AI 生成摘要还可以根据需求进行定制，如选择提取特定段落或关注特定主题等。

在关键词提取方面，AI 工具可以根据文本中出现的频率、上下文关系等信息自动提取出与文章主题相关的关键词。这些关键词不仅可以帮助我们快速定位文章的核心内容，还可以作为后续搜索和阅读的重要参考。通过关键词提取，我们可以快速获取文章的关键信息，提高阅读效率。

AI 写作工具在内容摘要和关键词提取方面的卓越表现还体现在其准确性和灵活性上。AI 工具通过对大量文本数据的学习和分析，不断优化自己的算法和模型，从而提高其提取摘要和关键词的准确性。同时，其灵活性表现在可以根据不同的文本类型和领域进行定制化的处理，以适应不同领域的需求。

4.1.4 实战案例分析：AI 如何助力我们找到文章核心

为了使读者更好地理解 AI 写作工具如何助力我们找到文章核心，下面分享实战案例。在新闻报道领域，AI 可以通过分析新闻标题、导语和关键段落等信息来快速提取新闻的核心内容。当我们面对大量的新闻报道时，AI 可以帮助我们筛选出相关的最有价值的报道，并提取报道中的关键信息点，如事件经过、主要人物、观点等。这样，我们就可以迅速了解事件的全貌和关键点，提高阅读效率。

案例4.1

针对 TP-LINK 年终奖事件，在豆包中输入：请帮我找出以下新闻的关键信息。

近日，一则关于 TP-LINK 公司年终奖的消息引发了广泛关注。据报道，该公司员工辛苦工作一年，本以为能拿到丰厚的年终奖，结果却被告知年终奖为零。这重磅消息令员工十分失望，公司领导对此事的态度更是让员工倍感心寒。

据了解，TP-LINK 公司在招聘时曾向员工承诺提供16薪的待遇，并且往年都有年终奖，还会根据绩效进行调整。然而，今年工作刚满一年的员工却被告知年终奖为零。这让许多员工感到十分不公和失望。他们表示，自己辛勤工作了一年，绩效也全是良好，结果却得不到应有的回报。

据了解，往年 TP-LINK 的员工们都有年终奖的通知，但是今年没有发，这不禁让员工们怀疑公司早有预谋，准备好了和员工们扯皮。一些员工表示，他们找领导要说法，但是领导三缄其口，互相推诿，都说不知道。这种态度令员工感到很愤怒。

对于这种情况，许多员工表示他们不会放弃维权，会采取一些必要的措施来维护自己的权益。一些员工表示，他们将会向劳动部门投诉，要求公司履行承诺，发放应有的年终奖金。一些员工还表示，他们将会考虑离职或者寻找其他的工作机会。

这一事件引发了广泛的社会关注和舆论谴责。许多网友表示，TP-LINK 公司的做法十分不负责任和缺乏诚信。他们认为，企业应该遵守承诺，尊重员工的劳动成果，而不是随意改变规则。同时，也有一些人呼吁员工要维护自己的权益，不要接受企业的不公平待遇。

那么，这一事件究竟暴露出了什么问题呢？首先，它反映了企业诚信的缺失。企业作为社会的一员，应该秉持诚信原则，遵守承诺，尊重员工的权益。如果企业随意改变规则，不履行承诺，就会失去员工的信任和忠诚度。这对企业的长期发展是十分不利的。

其次，这一事件也反映了企业管理的不规范。企业应该制定明确的管理制度和工作流程，确保员工的工作得到公正的评估和回报。如果企业管理不规范，就会导致员工的工作得不到应有的回报，也会影响企业的稳定和发展。

TP-LINK 是一家知名的网络设备制造商，其产品在全球范围内有很高的市场份额。但是，如果 TP-LINK 不能妥善处理这件事情，不仅会让员工感到失望和愤怒，还可能会影响公司的声誉和未来发展。

我们希望 TP-LINK 能够认真对待这件事情，尽快采取措施解决员工的诉求。作为一家知名的企业，TP-LINK 应该遵守劳动法律法规，履行自己的承诺，给予员工应有的回报。只有这样，才能让员工更加积极地投入工作，为公司的发展作出更大贡献。

最后，这一事件还提醒我们，员工应该维护自己的权益和利益。如果员工发现自己的权益受到侵害，应该及时采取行动，寻求法律援助和集体维权。只有员工团结起来，才能更好地维护自己的权益和利益。

综上所述，TP-LINK公司的年终奖事件引发了广泛关注和舆论谴责。它暴露了企业诚信的缺失、企业管理的不规范以及员工权益的维护问题。为了解决这些问题，企业应该加强诚信建设、规范管理流程、尊重员工权益并建立健全福利制度。同时，员工也应该提高维权意识并积极参与企业的民主管理。只有这样，才能建立一个公平、公正、和谐的企业环境，推动企业的长期发展和社会的进步。

作为社会的一员，我们每个人都有责任关注和维护自己的权益和利益。如果我们发现自己的权益受到侵害，应该勇敢地站出来，采取行动。同时，我们也可以通过各种途径监督和评价企业的行为和表现，促使企业更加注重诚信和责任。只有这样，我们才能共同创造一个更加公平、公正、和谐的社会环境。

豆包：关键信息如下。

公司名称：TP-LINK

事件类型：年终奖事件

事件概述：员工期待丰厚的年终奖，但被告知为零，引发员工失望和愤怒。

员工反应：感到不公、失望和愤怒；寻求领导说法但遭遇推诿；考虑采取法律途径维权或离职。

领导态度：三缄其口、互相推诿，未给出明确解释。

社会反响：广泛关注和舆论谴责，认为企业缺乏诚信和不尊重员工劳动成果。

涉及问题：企业诚信缺失、管理不规范、员工权益维护。

企业背景：知名网络设备制造商，市场份额高。

建议与期望：企业认真对待、遵守法律法规、履行承诺；员工维护自身权益；社会加强监督与评价。

可以看出，以上新闻表述冗余，但通过豆包处理后，寥寥几句话便分析概括出全文主旨。

除了新闻报道，针对社交媒体领域的文章，AI 也可以帮助我们快速找到文章核心。在社交媒体上，用户每天都会发布大量的帖子和评论信息。通过 AI 的文本处理和分析功能，我们可以快速筛选出最有价值的信息并提取出关键词和主题。这样，我们就可以更加高效地了解用户关注的热点话题和趋势，为后续的决策和行动提供参考。

4.2 完善“躯干”，用AI找缺环要素

在文学创作的宏大宫殿中，每篇文章都如同一位舞者，需要在舞台上优雅地展现自己的身姿。而文章的“躯干”，便是这位舞者最为核心的部分，承载着文章的主要内容和思想。然而，就像舞者在排练中可能会遗漏某些动作一样，作者在写作过程中也难免出现缺环或遗漏。这时，AI 写作工具便成了贴心的编舞者，能帮助作者找到并完善文章中的缺环要素，让整篇文章趋于完美。

4.2.1 内容补充与完善的得力助手

AI 写作工具以其独特的算法和模型，在内容补充与完善方面展现出惊人的能力，通过自然语言处理和机器学习等技术，深入剖析文章的内在逻辑和结构，从而精准地识别出文章中的缺环和遗漏。这些缺环可能表现为论述不完整、论据不充分、实例

不典型等，AI 能够迅速定位这些问题，并提供有针对性的补充建议。

想象一下，当作者在写作过程中遇到困惑或瓶颈时，AI 便如同一位富有经验的导师，为作者指明方向，提供灵感。它不仅能够帮助作者找到缺失的信息点，还能够建议作者添加更多的实例和论据来支撑某个观点，使文章更有说服力。这种智能化的辅助让写作变得更加高效和便捷，也让作者在创作过程中更加得心应手。

4.2.2　慧眼识漏洞，让文章结构更严谨

在写作过程中，作者可能会因为对某个问题了解不够深入或者思路不够清晰，而导致文章结构出现漏洞。这些漏洞就像隐藏在舞者动作中的小瑕疵，虽然不影响整体的表演，但存在一些遗憾。AI 工具能够轻松识别出这些漏洞，并帮助作者进行修复和完善。

AI 通过对文章的深度分析和挖掘，能够发现作者可能忽略的关键信息点，或者指出文章中的逻辑漏洞和矛盾之处。它就像一位严谨的评论家，对文章进行逐字逐句的审查，确保每一个细节都符合逻辑和事实。在 AI 的辅助下，作者可以更加清晰地梳理自己的思路，填补文章中的空白和漏洞，使整篇文章的结构更加严谨和完整。

4.2.3　助力信息检索与整合，让文章内容更丰富

在写作过程中，作者往往需要查阅大量的资料和信息来支持

自己的论述。然而，面对浩如烟海的信息，作者很难保证所有信息的准确性和完整性。这时，AI 便成了那位勤劳的图书管理员，可以帮助作者快速准确地检索到需要的信息，并进行自动整合和分类。

通过自然语言处理和机器学习等技术，AI 写作工具能够智能地识别和理解文章中的关键词和语义关系，从而在海量的信息中筛选出与文章主题相关的优质内容。它不仅能够为写作者提供丰富的参考资料和文献来源，还能够帮助作者进行信息的自动整合和分类，让作者在写作过程中更加得心应手，为读者呈现出高质量、有深度的佳作。

4.2.4 假设举例：AI 妙手补全文章“躯干”

为了更好地理解 AI 写作工具在完善文章“躯干”方面的应用，我们以一篇科技类文章为例进行深入剖析。假设这篇文章的主题是“人工智能在医疗领域的应用与前景”。在文章的“躯干”部分，写作者需要详细介绍人工智能在医疗领域的具体应用、取得的成果以及面临的挑战等。然而，由于写作者对相关领域了解不够深入或者时间紧迫，导致文章在某些方面出现信息缺失和逻辑漏洞。

这时，AI 写作工具便可以发挥其独特的优势和作用。AI 通过深度学习和自然语言处理等技术对文章进行全面分析，快速识别出文章中的缺环和漏洞。例如，它可能会发现作者在介绍某个具体应用场景时过于简略或者缺乏实例支持；或者作者在讨论某个问题时观点片面且缺乏充分论据等。

针对这些问题，AI 工具会迅速提供相应的补充建议和解决方案。例如，它可以为作者推荐一些相关领域的权威文献或研究报告以供参考；或者为作者提供一些具体的实例和数据来支持其论述；甚至还可以帮助作者调整文章结构和顺序以提高文章的可读性和逻辑性。在 AI 工具的辅助下，作者可以更加高效地完成文章的修改和完善，确保整篇文章的质量和水平达到一个新的高度。

4.2.5　实战案例分析：运用 AI 工具提升文章品质

下面，以一则实战案例来展示 AI 写作工具如何提升公文的品质。

案例4.2

写作者在 Kimi 中输入：请帮我完善一下这篇文章的缺环要素，要求理顺逻辑、层层递进。

副县长在全县学校消防安全宣传教育现场会上的讲话

同志们：

今天我们在这里召开全县学校消防安全宣传教育现场会，主要任务是传达省、市中小学校消防安全宣传教育现场会会议精神，安排部署当前消防安全工作，进一步动员各学校统一思想，提高认识，强化措施，加大力度，扎扎实实地开展好消防工作，努力为全县经济社会各项事业发展营造良好的消防安全环境。刚才县教育局 ××× 局长做了讲话，也布置了相关工作，县消防大队 ××× 大队长传达了省、市会议精神，请各学校认真学习领会，以此次会议为契机，立即行动起来，迅速开展学校消防安全宣传教育工作，确保我县学校平安、学生安全。下面，根据会议安排，我就学校消防安全宣传教育工作讲如下两点意见。

一、安全措施再强化

千里之堤，溃于蚁穴；生命之舟，覆于疏忽。学校安全无小事，师生生命重如山。全县各级各类学校和幼儿园要以更加求真务实的工作作风，将学校安全工作做细、做实，切实保障广大师生平安健康。

（一）强化学校消防安全责任制。……

（二）强化消防安全防范措施。……

（三）强化师生消防安全意识。……

二、安全责任再落实

做好学校安全工作，关键在落实。要牢固树立“安全第一、责任重于泰山”的理念，坚决克服麻痹松懈思想，时刻绷紧安全这根弦。

（一）落实领导责任。……

（二）加大排查力度。……

（三）强化责任追究。……

同志们，学校安全工作只有起点，没有终点，日复一日，没有假期。安全工作永远是教育系统重中之重的工作。全县学生的安全、数万个家庭的幸福和希望都系于我们身上，党和政府对我们寄予了很大的希望。我们一定要抱定“沉下心来抓管理，铁下心来保安全”的决心，全力维护教育系统和谐稳定，努力开创全县学校安全工作新局面。

Kimi：

根据上文提出的两个方面要求，可以继续补充以下三个方面的内容。

三、加强应急演练和监督检查

随时准备，防患于未然。要加强学校消防安全的应急演练和监督检查工作，确保各项措施和责任落实到位，做到有备无患。

（一）加强消防演练。……

（二）加强监督检查。……

四、促进消防安全文化建设

树立起安全意识，构建起安全防线。学校要注重营造积极向上、安全第一的消防安全文化氛围，使之融入每个师生的思想，形成全员参与的局面。

（一）加强宣传教育。……

（二）促进校园消防文化建设。……

五、强化与社会消防部门的合作

学校与社会消防部门要加强合作，形成合力，共同致力于学校消防安全工作，共同推动消防安全事业向前发展。

（一）加强与消防部门的沟通与合作。……

（二）建立健全应急救援机制。……

总之，学校消防安全工作事关师生生命安全和学校稳定，我们要深入贯彻落实会议精神，坚持问题导向，加强组织领导，严格落实责任，全力以赴做好学校消防安全宣传教育工作，为全县学校营造安全、稳定的学习环境作出应有的贡献。希望各位同志能够认真学习会议精神，切实履行职责，确保全县学校消防安全工作取得实实在在的成效。谢谢大家！

从Kimi输出结果来看，从原文的措施、责任两个层面上，再拓展出监督、文化、合作三个层面，由原来的单一瞄准变成了全面覆盖，关于消防安全宣传教育的各个方面内容都有了较为全面的论述，使得文章更具完整性和逻辑性。

4.3 埋好“伏笔”，用AI找提示暗示

伏笔，作为文章创作的一种重要叙事技巧，如同棋局中的精妙布局，一步先行，步步为营。它通过预先设置的暗示和提示，为后续的情节高潮埋下伏笔，使读者在阅读过程中充满期待和好奇。然而，如何巧妙地设置伏笔，既不显得突兀又能引发读者的兴趣，一直是写作者面临的挑战。如今，随着人工智能技术的飞速发展，这一难题似乎找到了新的解决之道。

4.3.1 AI 与文章伏笔的密切关联

AI 技术的强大之处在于其能够对海量的文本数据进行分析和学习，进而挖掘文本潜在的规律和模式。在文学创作领域，AI 写作工具可以深入剖析文本中的关键词汇、句子结构、段落布局等信息，从而识别出作者设置的伏笔。这些伏笔往往隐藏在文本的细微之处，不易被察觉，但对于文章整体情节的发展和读者的阅读体验具有重要作用。

4.3.2 利用 AI 辅助设置文章伏笔的有效方法

文章伏笔是文学创作的一种手法，往往需深入研读才能洞悉其妙，浅尝辄止难以领略其全貌。从工具效能视角出发，AI 技术可为作者高效规划伏笔设置、优化句式结构、预测情节走向提供强有力支持。

1. 深度挖掘关键词汇，精准布局伏笔

AI 能对文章中的关键词汇进行全面梳理和深度挖掘，比如《红楼梦》,“贾宝玉的玉”“大观园”等关键词汇频繁出现，都是作

者曹雪芹精心布置的伏笔，预示着人物命运与情节发展。AI可辅助作者布局类似的关键词，分析文本中与角色、物品或事件相关联的词汇信息，判断其在后续情节中的潜在重要性，从而精准设置伏笔，增强故事的连贯性和吸引力。

2. 细致分析句式结构，巧妙隐藏伏笔

AI技术还能对文章的句式构造进行细致分析，识别出那些蕴含深意的特殊句式。在《水浒传》中，“林冲夜奔梁山”一节，前文对风雪、孤独等氛围的描写，实为后文情节发展的伏笔。AI可帮助作者识别并创造出此类预示性句式，如建议使用长句或独立段落来隐藏重要信息或提示，使伏笔更加隐蔽且富有成效，提升文本的艺术性。

3. 预测情节发展趋势，合理预设伏笔

AI具备对已有情节的分析和学习能力，能够预测故事后续发展。比如在《西游记》中，师徒四人取经路上的种种磨难，如果放在当下写，AI便可预测其遭遇的妖怪、难关等情节转折点，为作者提供伏笔设置的科学依据。作者可依据AI预测，在合适的时机设置伏笔，如预设某些物品、事件或角色的出现，来增强故事的悬念和可读性。

4.3.3 AI辅助下的伏笔设置高级技巧

如何让伏笔“伏”出精彩、“伏”出质量？AI告诉我们要明确目标、丰富修辞、贯通情节。

1. 明确伏笔目标，强化意义导向

在设置伏笔前，作者需要明确目的：伏笔是要推动情节发展、

塑造人物形象，还是要增强读者体验？AI 可通过分析文本主题、情节走向和角色性格等因素，为作者设置伏笔提供针对性建议，使得伏笔的设置有的放矢，提升文章整体质量。

2. 丰富语言技巧，深化伏笔内涵

作者可借助 AI 分析，巧妙运用隐喻、象征、双关等修辞手法来设置伏笔。在《三国演义》中，“草船借箭”一节，诸葛亮利用草船借得曹军箭矢，实为后文战胜曹军的伏笔。AI 可帮助作者发掘并创造此类富有深意的语言技巧，如建议为某个普通物品或场景赋予特殊象征意义，成为故事中的关键伏笔，增加读者的阅读乐趣和思考深度。

3. 确保伏笔连贯，维护情节统一

伏笔不仅要“有”，而且要“好”，否则便是事倍功半，所以故事情节的连贯性和统一性非常重要。以《聊斋志异》中的故事为例，鬼狐神怪的出现往往预示着某种情节转折或人物命运变化，那么 AI 就可以协助作者梳理总结好前文的伏笔，并与下文情节进行对比复盘，避免突兀或不合逻辑的情节转折，维护故事情节的统一性和连贯性。

4.3.4 实战案例分析：AI 助力文章伏笔设置的应用

案例4.3

在豆包中输入：请帮我在以下故事中设置一个伏笔。

有个年轻人去微软公司应聘，而该公司并没有刊登过招聘广告。见总经理疑惑不解，年轻人用不太娴熟的英语解释说自己是碰巧路过这里，就贸然进来了。总经理感觉很新鲜，破例让他试一试。面试的结果出人意料，年轻人表现糟糕。他对总经理的解释是事先没有准备，总经理以为他不过是找个托词下台阶，就随口应道：“等你准备好了再来试吧。”一周后，年轻人再次走进微软公司的大门，这次他依然没有成功。但比起第一次，他的表现要好得多。而总经理给他的回答仍然同上次一样：“等你准备好了再来试。”就这样，这个青年先后5次踏进微软公司的大门，最终被公司录用，成为公司的重点培养对象。也许，我们的人生旅途上沼泽遍布，荆棘丛生；也许我们所遇的风景总是山重水复，不见柳暗花明；也许，我们前行的步履总是沉重、蹒跚；也许，我们需要在黑暗中摸索很长时间，才能找寻到光明；也许，我们虔诚的信念会被世俗的尘雾缠绕，而不能自由翱翔；也许，我们高贵的灵魂暂时在现实中找不到寄放的净土……那么，我们为什么不可以以勇敢者的气魄，坚定而自信地对自己说一声：“再试一次！”再试一次，你就有可能到达成功的彼岸！

豆包：

在故事开始时，我们可以设置这样一个伏笔：主人公在前往微软公司应聘的路上，偶然发现了一块形状奇特的石头。他注意到，尽管石头坚硬无比，但在水滴的持续滴落下，石头的表面逐渐被侵蚀，形成了一个小洞。这个情景让主人公深受启发，他明白了坚持不懈的力量，也让他对未来的挑战充满了信心。

在故事中，这个伏笔不仅为主人公后续的应聘经历提供了动力源泉，还象征着主人公在面对困难和挫折时所展现出的坚韧不拔的精神。正如水滴穿透硬石一样，主人公虽然初次面试表现糟糕，但他并没有放弃，而是选择了继续尝试。这种精神最终打动了微软公司的总经理，使他成为公司的重点培养对象。

此外，这个伏笔还与故事的主题紧密相连，即强调坚持不懈的重要性。通过主人公的亲身经历，读者可以深刻地感受到，无论遇到多大的困难和挫折，只要我们有足够的毅力和决心，就一定能够战胜它们，实现自己的目标。

总之，通过设置一个关于“水滴穿透硬石”的伏笔，我们可以让故事更加生动有趣，同时也能够更好地突出故事的主题及其价值观。

从这个例子中，我们可以直观地看到 AI 技术在文章伏笔设置中的应用效果。AI 技术的介入，帮助写作者更加精准地把握了伏笔的设置时机和方式，使整个故事的情节发展更紧凑合理，伏笔的设置自然而恰当。

4.4 突出“主旨”，用AI找行文脉络

在文学创作中，突出文章的主旨是至关重要的。主旨是文章的核心思想，是写作者想要传达给读者的主要信息。清晰、有力的主旨能够使文章更具吸引力、说服力和感染力。随着 AI 技术的快速发展，我们可以利用 AI 工具来辅助分析和理解文章的行文脉络，从而更好地突出文章的主旨。

4.4.1 AI 在识别文章主题思想中的应用

例如，利用 AI 技术，我们可以对一篇文章进行主题建模。主题建模是一种通过统计方法从文本集中提取主题的技术。其中，潜在狄利克雷分布（LDA）是一种常用的 AI 主题模型。通过 LDA 模型，我们可以将文章中的词汇和句子映射到一系列主题上，从

而揭示出文章的主题分布。这样，写作者就可以清晰地看到文章的主要讨论点，进而更好地突出文章的主旨。

4.4.2　如何利用 AI 梳理文章结构

除了识别文章主题思想外，AI 写作工具还可以帮助我们梳理文章的结构。好的文章结构能够使读者更容易理解和接受作者的观点。通过 AI 工具，我们可以对文章进行段落划分、句子聚类等操作，从而构建出清晰、有条理的文章结构。

例如，我们可以利用 AI 技术对文章进行句子级别的分析。通过计算句子之间的相似性和关联性，AI 工具可以对具有相似主题的句子聚类，形成文章的各个段落。这样，写作者就可以根据 AI 生成的结构框架来调整和优化文章结构，使其更加合理和易于理解。

4.4.3　AI 辅助下的内容优化与重构

在识别了文章的主题思想，梳理了文章的结构之后，AI 工具还可以帮助我们进行内容优化和重构。通过 AI 的辅助，我们可以更加精准地把握读者的兴趣和需求，从而调整文章的内容和风格，使其更加符合读者的口味。

例如，AI 可以分析读者的阅读习惯和喜好，为我们提供关于文章内容优化和重构的建议。根据这些建议，我们可以调整文章的语气、风格、词汇选择等方面，使文章更加吸引读者的眼球。同时，AI 还可以帮助我们识别并删除冗余和无关紧要的内容，使文章更加简洁明了。

此外，AI 还可以通过对比分析大量文本数据，为我们提供关于内容创新的建议。例如，AI 写作工具可以分析当前的热门话题和趋势，为我们提供关于如何将这些话题融入文章的建议。这样，我们就可以在保持文章主旨不变的前提下，增加一些新颖、有趣的内容，吸引更多读者的关注。

4.4.4 案例分析：AI 助力文章主旨凸显

为了更好地理解如何利用 AI 突出文章主旨，我们可以选取一个具体的案例分析。例如，我们有一篇关于环境保护的文章，通过 AI 工具的分析，我们可以发现文章主要讨论了环境污染、气候变化和可持续发展等主题。根据这些主题，我们可以调整文章的结构和内容，使其更加聚焦于环境保护的重要性和紧迫性。

在内容优化方面，AI 可以为我们提供关于如何更好地传达环保理念的建议。例如，AI 可以分析读者的阅读习惯和喜好，建议我们采用更加生动、形象的语言来描述环境污染的危害和可持续发展的重要性。同时，AI 还可以帮助我们找到一些具有说服力的数据和案例来支持我们的观点。

在结构梳理方面，AI 可以根据文章的主题思想帮助我们进行段落划分和句子聚类。例如，AI 可以将关于环境污染的部分划分为一个段落，将关于气候变化的部分划分为另一个段落。这样，读者就可以更加清晰地看到文章的结构和主旨。

通过 AI 的辅助，我们可以使文章更加聚焦于环境保护这一主题，提高文章的说服力和感染力。同时，AI 还可以帮助我们优化文章的内容和结构，使其更加符合读者的阅读习惯和喜好。

4.5 抓住“眼球”，用AI找读者期待

在文章创作的广阔天地中，要想让作品脱颖而出，抓住读者的“眼球”至关重要。AI 写作工具就像一双隐形的慧眼，能够帮助我们洞察读者的心灵深处，找到他们的阅读期待。

4.5.1 AI：透视读者心灵的魔法镜

想象一下，你手中有一面魔法镜，它可以透视出读者的兴趣和需求。这面魔法镜就是 AI 工具。通过收集和分析读者的阅读历史、点击率、评论和社交媒体互动等数据，AI 能够为我们揭示出读者的真实面貌，让我们了解到他们喜欢什么、关心什么、期待什么。

这样的魔法镜不仅可以帮助我们更好地理解读者，还能够指导我们创作出更符合读者期待的作品。比如，当 AI 告诉我们，某一类读者群体对悬疑小说情有独钟时，我们就可以加大悬疑元素的投入，让故事更加扣人心弦。

4.5.2 AI 预测：提前揭晓读者的“心声”

AI 工具的预测能力，使其像是一个能够提前揭晓读者“心声”的预言家。通过对大量数据的学习和分析，AI 可以预测读者对特定内容的反应，如情感倾向、话题相关性等。这意味着，在作品与读者见面之前，我们就已经知道了它可能会引起怎样的反响。

这种预测能力不仅能够帮助我们在创作过程中进行针对性的调整，还能够让我们及时发现并修正可能存在的问题。比如，当 AI 写作工具预测到某个情节可能会引起读者的不满时，我们就可

以提前进行修改，避免文章发布后引发负面反应。

4.5.3 AI 定制：为每位读者打造专属的“星辰大海”

在这个数据为王的时代，如何让读者在众多作品中选择我们的作品？答案就是个性化定制。通过 AI 技术，我们可以根据每位读者的兴趣和需求，为他们量身定制独特的阅读体验。

想象一下，当读者打开我们的作品，看到的是与他们的兴趣息息相关的内容，感受到的是我们为他们精心打造的阅读氛围，这样的作品无疑更容易抓住读者的“眼球”，让他们沉浸其中，流连忘返。

4.5.4 实战演练：如何运用 AI 打造吸睛之作

案例4.4

在智谱清言中输入：请帮我为以下新闻稿增加引起读者期待的内容。

区政协举办 ×× 医院 ××× 政协委员工作室暨“×× 书屋”揭牌仪式

×× 月 ×× 日，由区政协主办，在 ×× 医院举行了 ×× 政协委员工作室暨“×× 书屋”揭牌仪式，活动邀请到了区卫健委、区教委、区体育局、区民政局、×× 医院、×× 小学相关领导及嘉宾。

政协知民意，书屋暖人心。此次活动共分为两个环节。第一个环节为政协委员工作室、“×× 书屋”揭牌仪式。区政协 ××× 主席为“×× 医院 ××× 政协委员工作室”揭牌，区政协 ××× 副主席、××× 副主席为 ×× 医院“×× 书屋”揭牌，政协领导向委员代表、医院代表、×× 师生捐赠了书籍，××× 主席为办好两大空间作了讲话。

第二个环节为 ×× 节品牌公益活动启动仪式。×× 医院现场与 ×××× 签订了战略合作协议，开展了 ×× 节品牌公益筛查捐赠活动，为 ×× 区养老机构 ××× 位老年人开展免费健康筛查，启动了首届 ×× 区“×× 杯”中老年乒乓球赛。

悦读健康同行，共创文明城区。这是 ×× 的“书香名片”和健康“品牌”，在为民、助民、惠民的蔚然风尚中，越来越多的务实举措得到了群众的广泛认可。

智谱清言：

区政协举办 ×× 医院 ××× 政协委员工作室暨“×× 书屋”揭牌仪式

打造健康与文化融合的新地标

×× 月 ×× 日，一场别开生面的活动——区政协主办的 ×× 政协委员工作室暨“×× 书屋”揭牌仪式在 ×× 医院盛大举行。此次活动不仅汇聚了区卫健委、区教委、区体育局、区民政局、×× 医院、×× 小学等各大机构的领导及嘉宾，更预示着 ×× 区健康与文化的全新融合，打造群众生活中的新地标。

政协知民意，书屋暖人心。活动现场，区政协 ××× 主席、亲自为“×× 医院 ××× 政协委员工作室”揭牌，而区政协 ××× 副主席、××× 副主席则为 ×× 医院“×× 书屋”揭牌。这不仅是一个简单的揭牌仪式，更是区政协对健康与文化的深度融合的坚定承诺。随后，政协领导向委员代表、医院代表、×× 师生捐赠了书籍，以实际行动践行了“书香社会”的理念。××× 主席在讲话中表示，这两大空间的创建，旨在为群众提供更加丰富的精神食粮和更加便捷的健康服务。

更令人期待的是，活动的第二个环节——×× 节品牌公益活动启动仪式。×× 医院与 ×××× 签订了战略合作协议，标志着双方将在健康领域展开深度合作。而开展的 ×× 节品牌公益筛查捐赠活动，更是为 ×× 区养老机构的 ××× 位老年人带来了实实在在的福利，让他们能够享受到免费的健康筛查服务。此外，首届 ×× 区“×× 杯”中老年乒乓球赛的启动，更是将健康与运动紧密结合，让中老年人在运动中保有健康，享受快乐。

悦读健康同行，共创文明城区。×× 政协委员工作室和“×× 书屋”的成立，无疑是 ×× 区在健康与文化融合方面迈出的坚实步伐。它们将成为群众生活中的新亮点，为 ×× 区打造书香名片和健康品牌注入新的活力。随着这些务实举措的深入推进，我们有理由相信，×× 区将在为民、助民、惠民的道路上走得更远，赢得群众的广泛认可与赞誉。

现在，让我们共同期待 ×× 政协委员工作室和“×× 书屋”在未来的日子里，为 ×× 区的健康与文化事业带来更多的惊喜与变革，让我们的生活更加丰富多彩！

在上述例子中，AI 判定读者的期待在于实实在在的惠民环节到底是什么内容，找到了大数据库中用户讨论的兴趣点，发现潜在读者对该主题的关注度很高，因此优化了新闻的内容创意，对内容进行了迭代和调整，确保新闻在发布后能够引起读者的共鸣和好评。

第5章

用文学添加“味精”——活用 AI 当宝典

在探索文章艺术的无穷魅力时，我们常寻求各种元素与技巧的融合，以期创作出更加丰富、深邃的作品。AI工具以其卓越的语言处理能力和无限的创意潜能，正逐渐成为我们写作的得力助手。AI的融入，如同在文学的大餐中巧妙添加了一勺“味精”，使得作品的味道更加鲜美。无论是哲学的深邃、音乐的动人、诗歌的气质，还是美学的灵气、历史的厚重，AI都能助我们一臂之力，让这些元素在文学作品中闪耀出更加璀璨的光芒。

5.1 哲学是味“良药”，用AI增“哲味”

在文学的世界里，哲学就像一味独特的“良药”，能够为作品增添深沉而独特的“哲味”。当我们将现代科技与文学创作相结合，AI便成为这味“良药”的最佳助手。那么，如何借助AI的力量，为我们的文学作品增添哲学的深度和韵味呢？

5.1.1 探索哲学之根：AI与哲学思想的交融

哲学，作为人类智慧的结晶，自古以来便与文学紧密相连。从柏拉图的理念世界到尼采的永恒轮回，哲学思想为文学作品提供了无尽的灵感和启示。AI写作工具作为强大的自然语言处理模型，能够模拟人类的思考过程，为我们提供深入探索哲学思想的内容。

当我们开始创作一部文学作品时，可以首先借助AI的力量，探索哲学思想的核心。例如，当我们想要探讨生命的意义时，可以向AI提问：“生命的本质是什么？”它可能会给出诸如“生命是不断追求自我超越的过程”或“生命是体验和感受的集合”等深刻的哲学见解。这些见解不仅能够激发我们的创作灵感，还能为我们的作品增加深度。

AI 能模拟不同哲学流派的思考方式，为我们提供多元的视角和思考维度。比如，当我们想要探讨道德问题时，可以借鉴 AI 模拟的康德伦理学的观点，思考“道德行为是否应该基于普遍法则”这样的问题。这种跨流派的哲学思考，能够丰富我们的文章写作，让读者有更加多元的、深入的阅读体验。

5.1.2　哲学思维在创作中的应用：AI 如何激发思考深度

在文章写作中，哲学思维的作用不可忽视。它能够帮助我们深入挖掘人物内心世界，构建复杂而深刻的情节，营造富有哲理的氛围。而 AI，作为一个智能助手，能够为我们提供哲学思维的工具和引导。

1. AI 可以帮助我们深入挖掘人物的内心世界

通过与其对话，我们可以模拟人物的思考过程，探索他们的动机、欲望和信仰。这种深入的人物剖析不仅能够使我们的文章更加真实可信，还能够引发读者对人性、命运等哲学问题的思考。

2. AI 可以引导我们构建复杂而深刻的情节

在创作过程中，我们可能会遇到情节发展困难或角色冲突难以解决的情况。这时，我们可以向 AI 寻求帮助，通过与其进行哲学性的对话，找到解决问题的新思路和新方法。这种情节构建的哲学思考不仅能够让我们的作品更加引人入胜，还能够让读者在阅读过程中体验到更多层次的情感共鸣。

3. AI 可以为我们营造富有哲理的氛围

在文学作品中，氛围的营造对于传达作者的思想和情感至关重要。有了 AI 的帮助，我们可以更好地把握作品中的哲学氛围，通过细腻的语言和情节安排，让读者感受到哲学的韵味和力量。

5.1.3 从对话到智慧：AI 如何帮助我们理解哲学命题

哲学命题往往深奥而晦涩，非专业人士理解起来可能比较困难。然而，借助 AI 的力量，我们可以从对话中汲取智慧，更好地理解哲学命题的内涵和意义。

AI 工具作为智能对话模型，能够模拟人类的思考过程，为我们提供哲学命题的多种解释和理解方式。通过与 AI 进行对话，我们可以逐步深入地了解哲学命题的内涵、背景和应用。这种对话式学习方式不仅能够让我们更好地理解哲学命题，还能够激发我们的思考能力和创造力。

同时，AI 还能够为我们提供哲学命题的实际应用案例。通过分析这些案例，我们可以更好地理解哲学命题在现实生活中的作用和意义。这种从理论到实践的学习方式不仅能够让我们更加深入地理解哲学命题，还能够为我们的文学创作提供更多灵感和启示。

5.1.4 创作中的哲思之旅：利用 AI 探索文学与哲学的交汇点

在文学创作中，哲学与文学的交汇点往往能够为我们带来深刻的思考和独特的灵感。通过利用 AI 的力量，我们可以更加深入地探索这个交汇点，为我们的作品增添更多的哲思。

案例5.1

写作者在豆包中输入：请帮我为以下内容增添哲学思维、提升内容深度。

中国共产党走过的百年峥嵘岁月，在中华民族5000多年文明发展历史的长河中，可谓"弹指一挥间"。但也正是这短短的一百年，中国共产党带领人民取得了改变中华民族和中国人民命运的伟大成就，可以说是"星星之火燃遍神州、丰功伟绩彪炳史册"。作为一名党员干部，把自己融入党史的浩瀚大海，以老一辈革命者为镜子，以党的光荣传统为镜子，以无数优秀党员为镜子，深感信仰如火，必须始终高擎；使命如山，唯有奋斗前行。读党史，越读越深感党的伟大，越读越深感党的光荣。读党史，既是向历史学习、向历史致敬，更是为了看清走过的道路，在砥砺初心、坚守党性、不懈奋斗中坚定前进方向，走好未来之路。

豆包：在哲学的视野中，中国共产党走过的百年历程不仅是一段具体的历史经验，更是一种深刻的哲学实践。这百年的峥嵘岁月，在中华民族5000多年的文明史中虽仅是短暂一瞬，但其背后蕴含的是对历史发展规律、人类社会发展阶段和主体性原则的深刻理解。

哲学思维的深化

"星星之火燃遍神州、丰功伟绩彪炳史册"这一表述，从哲学的角度来看，是对辩证唯物主义的生动体现。它揭示了从小到大、由弱到强的历史发展规律，展现了量变到质变的辩证过程。这种哲学思维强调，任何伟大的变革都是从微小的、看似不可能的起点开始的。

信仰与使命的哲学内涵

作为一名党员干部，将自身融入党史，是对个体与集体、主观与客观之间辩证关系的深刻把握。信仰如火，必须始终高擎，这反映了哲学中对理想信念的重视，信仰是行动的动力源泉。使命如山，唯有奋斗前行，则体现了历史使命感和实践活动的统一，强调在实现社会主义伟大事业中，每个人都是历史的参与者和创造者。

读党史的哲学意义

读党史不仅是对过去的回顾，更是一种哲学反思的过程。它要求我们以批判性思维审视历史，从中提取普遍性的规律，以此来指导现实和未来的行动。这是一种实践与认识、经验与理论相结合的哲学方法，旨在通过历史的镜子洞察现实，明确前进方向。

前进道路上的哲学导向

在砥砺初心、坚守党性、不懈奋斗中，哲学为我们提供了理论指导和思想武器。它教导我们要坚持辩证法，正视矛盾，解决问题，推动社会向前发展。同时，它也提醒我们要保持清醒的头脑，认识到前进道路上的复杂性和曲折性，以坚定的信念和不懈的努力，走好未来之路。

综上所述，将哲学思维融入对中国共产党的百年历程的理解，不仅能够加深我们对这段历史的认识，更能为我们指明前进的方向，提供行动的智慧。

从文字表现上看，原文在义理层面上更胜一筹，侧重于表现深厚的情感、稳固的初心，经过豆包润色，则实现了义理、学理、哲理三者的统一，在哲学内涵层面上，把一段递进表述的文字拆分成了哲学上的四个维度。在文章写作过程中，引入 AI 工具对于哲学内容的思考与表述，可以让文章与读者碰撞出更多的火花。

5.2 音乐触动“灵魂”，用AI增“旋律”

当琴弦轻颤，流淌出的是旋律，也是情感；当文字跃然纸上，呈现出的是故事，也是灵魂。音乐与文学，两者似乎天生就是灵魂的伴侣，一个以音符诉说，一个以文字描绘。然而，在这个飞速发展的数字化时代，我们有了更奇妙的相遇——AI，这位智能的“指挥家”，以其独特的魅力，将音乐与文学更加紧密地编织在一起。它不仅能听懂音乐的情感，更能将其转化为动人的文字，为文学作品注入新的生命和活力。于是，在这场跨越艺术形式的奇妙邂逅中，我们得以领略一种全新的艺术体验：音乐在 AI 的笔下舞动，文章在音乐的旋律中绽放。

5.2.1 朗朗上口，增加公文的“雅”

在文学的海洋中，文字如舞者翩跹，每一个字句都如足尖轻点，而音乐是那隐形的琴弦，为舞者奏出最优雅的旋律。AI 这位乐师，博闻强识，深谙音乐的情感与韵律。公文应当是有生命的，这种生命更是“清高”和“雅致”的，因为公文写作者投入了大量的时间，倾注了自己的血汗，丰富了公文的骨肉。但如何让公文更“雅”、文字更“致”，需要写作者有较好的政治素养和过硬的文字功底，非有“十年磨一剑”的韧劲而不可得。在推进写作工作的进程中，我们要以细致入微、严谨务实的工作态度，将各项思路落到实处。我们的写作既要有明快的节奏，也要有深沉的底蕴。通过精准的数据分析、科学的决策支持，力求将每一项政策、每一条措施都演绎得精准到位，如同音乐中的每一个音符，和谐而富有力量。在公文撰写中，AI可以帮助我们提升语言的规范性与艺术性，使得文字表达既严谨准确，又朗朗上口，如同优美的旋律，使各类材料既务实高效，又充满文化韵味。

5.2.2 处处生花，增加公文的“韵”

当旋律与AI相遇，它们之间会产生一种奇妙的化学反应。AI能够深入解析旋律的内涵和情感，将其转化为文字的力量，让文学作品更加引人入胜。

具体而言，AI工具可以帮助我们加深文字的锤炼与打磨，使文章每一句话都精准有力，同时又不失流畅与和谐。在结构布局上，AI能够帮我们把准公文写作规范，合理安排段落与层次，确保文章逻辑清晰、条理分明。AI还善于运用修辞手法，如比喻、排比等，增强公文的表现力和感染力，使稿件行文更具韵律感和节奏感。

5.2.3 字字琢磨，增加公文的“律”

在公文撰写过程中，我们应当坚持字字琢磨、精益求精，确保信息的准确传达和格式的规范。借助AI技术的强大能力，我们可以进一步为公文增加音乐的“律”，在保证内容准确性的基础上，赋予公文以行文的和谐与美感。AI 技术通过对大量文本数据的深度学习与分析，能够精准把握语言的韵律和节奏，进而在公文撰写过程中提供智能辅助，使公文在保持规范性的同时，展现出更加流畅、生动的表达风格。这种将 AI 技术与公文撰写相结合的创新模式，不仅提高了公文撰写的效率和质量，也为公文增添了独特的艺术魅力。

案例5.2

写作者在DeepSeek中输入：请帮我为以下内容增添韵律，写得像音乐一样动听迷人。

要始终保持“举头三尺有神明”的敬畏警醒，习惯在“聚光灯”下开展工作，在“显微镜”下接受监督，做到光明磊落、坦荡无私。一要敬畏法纪。要经常学法知纪，常学党章党纪、条令条例、法律法规，依法用权，遇事懂法、办事依法、言必合法、行必守法，及时从“越位”的地方“退位”，“错位”的地方“正位”，“缺位”的地方“补位”。二要敬畏组织。要自觉遵纪而行，工作生活中多一些党性原则、少一些江湖义气，多一些自我警戒、少一些自由放任，时刻牢记自己是组织的一员，敬畏组织的纪律和规矩，敬畏组织的教育和培养，敬畏组织的信任和监督，组织不让做的事情坚决不做，该向组织报告的一定报告。三要敬畏权力。绝不能把职权范围看作自己的“一亩三分地”，坚持秉公用权、依法用权、廉洁用权，不以感情代替原则，不用义气冲淡正气，特别是不能搞权钱交易、利用组织赋予的权力来满足自己的私欲，自觉做到洁身自好、守度无祸。

DeepSeek：

要如春风拂面，心怀“举头三尺有神明”的敬畏与警醒，

习惯在“聚光灯”下，展现无私与磊落的精神风貌。

在“显微镜”下，接受监督，如同秋日晴空，坦荡无私。

一、敬畏法纪，如长江之水，源远流长

要如饥似渴，学习党章党纪、条令条例、法律法规，

依法用权，如日中天，照亮前行的道路。

遇事懂法，办事依法，言必合法，行必守法，

及时从“越位”之处“退位”，“错位”之处“正位”，“缺位”之处“补位”。

二、敬畏组织，如繁星点点，照亮前行的路

要自觉遵纪而行，工作中充满党性原则，

少些江湖义气，多些自我警戒，少些自由放任。

时刻铭记，自己是组织的一员，

敬畏组织的纪律和规矩，如同敬畏天地的威严，

敬畏组织的教育和培养，如同渴望春雨的滋润，

敬畏组织的信任和监督，如同珍视生命的宝贵。

组织不让做的事情，坚决不做，

该向组织报告的事情，一定如实汇报。

三、敬畏权力，如高山之巅，令人敬畏

绝不能把职权范围，看作自己的“一亩三分地”，

要坚持秉公用权，依法用权，廉洁用权，

如清泉流淌，不以感情代替原则，

不用义气冲淡正气，坚决抵制权钱交易，

不利用组织赋予的权力，满足自己的私欲，

自觉做到洁身自好，守度无祸，如松立雪，坚韧不屈。

在文学创作中，灵感往往是可望而不可即的。DeepSeek 通过分析文章内容的旋律和节奏，为我们提供了与之相匹配的文学描述，使我们的创作更加贴合情感表达的需求。从前文看，文章写得平平无奇、缺乏亮点，经过文心一言优化润色后，已具有押韵、叠词、排比、隐喻等多处可借鉴的亮点。文稿虽然无法全篇直接使用，还需人工雕琢，但仍为我们创作文章提供了有益参考。

5.3 诗歌赋予“气质”，用AI增“斯文”

随着 AI 技术的飞速发展，我们拥有了更多探索和创新的可能性。AI 写作工具不仅可以分析大量的诗歌作品，学习诗歌的语言和结构，还能模仿诗人的风格和表达习惯，为我们的写作提供灵感和建议。这使得诗歌与日常写作的融合变得更加容易和有趣。

5.3.1 诗歌的魔力：唤醒文字中的诗人之魂

当我们谈论用诗歌为写作增添“斯文”时，其实是在探讨如何让文字跃然纸上，像诗人的表达一样灵动、深情、富有韵味。开始写作时，文字仿佛变成了一个个沉睡的小精灵，等待着被唤醒。而诗歌，就是那唤醒它们的魔法，能让文字变得鲜活，充满生命力。比如，当你想要描述美丽的日落时，你可以用平淡的语言说：“太阳慢慢落下了，天空变成了橙红色。”但如果运用诗歌的魔力，你可以这样写：“夕阳如血，染红了半边天，金色的余晖在云间流连，像是舍不得离开这个世界。”这样的表述，不仅更加生动，而且充满了诗意和韵味。

5.3.2 AI 与诗歌的碰撞：探索创意的无限可能

AI 可以分析大量的诗歌作品，学习诗歌的语言和结构，甚至能够模仿诗人的风格和表达习惯。这意味着，当你在写作中遇到困难时，AI 可以为你提供灵感和建议。比如，你可能正在为一段文字的情感色彩而苦恼，不知道该如何表达。这时，你可以向 AI 求助。它可能会为你推荐一些相关的诗歌作品，或者给出一些情感表达的建议。这样，你就能从中汲取灵感，在文章中加入动人的文字。

5.3.3 诗意文字的塑造技巧：让语言更具艺术感

要让你的文章充满诗意和韵味，除了运用诗歌的魔力和 AI 的助力外，还需要掌握一些技巧。下面，我们就来探讨一下这些技巧。

1. 注重语言的韵律和节奏

诗歌之所以动人，很大程度上是因为它的韵律和节奏。你可以尝试在写作中运用押韵、对仗等修辞手法，让你的文字更加和谐、优美。

2. 善于运用比喻、拟人等修辞手法

这些修辞手法能够让你的语言更加生动形象，具有更强的表现力。

3. 注意情感的表达

诗歌是情感的产物，没有情感的诗歌就像没有灵魂的躯壳。因此，在写作时，要全身心地投入，让你的情感流淌在文字之间。

4. 注重语言的锤炼和推敲

好的诗歌往往是反复推敲和修改而成的。在写作过程中，不要怕麻烦，要反复修改、打磨你的文字，让它们更加精练、优美。

5.3.4　诗歌与日常写作的融合：创造富有诗意的表达

用 AI 提升写作气质的过程，实际上是在探索如何将诗歌的元素和技巧融入日常写作，从而创造出富有诗意的表达。这种融合不仅能使文章更加生动、有趣，还能让读者在阅读过程中感受到更多的艺术美感。

那么，如何将诗歌与日常写作相融合呢？首先，我们可以尝试在文章中加入一些修辞手法，如比喻、拟人、排比等。这些修辞手法能够使语言表达更加生动形象，增强读者的阅读体验。其次，我们可以借鉴诗歌的节奏和韵律，让叙述更加流畅和谐。运用押韵、对仗等技巧，可以使文章更具音乐性和节奏感。

最后，我们还可以从诗歌中汲取灵感，将其中的情感和意象融入日常写作。比如，当我们想要表达一种复杂的情感时，可以借鉴诗歌中的情感表达方式，用更加细腻、深刻的语言来描述。同时，我们也可以从诗歌中根据意象寻找灵感，将其融入文本，使文字更加富有画面感和想象力。

5.3.5　AI 助力日常写作：用诗意文字点亮普通文本

在日常写作中，AI 工具同样发挥着巨大的作用。通过学习和分析大量的诗歌作品，AI 已经对诗歌的语言和结构有了深入的了解。这意味着，当我们在日常写作中遇到困难时，AI 可以为我们提供带有诗歌元素的建议，帮助我们将普通文本转化为富有诗意的表达。

案例5.3

写作者在 Kimi 中输入：请帮我优化以下内容，增添诗歌的味道，增加诗意的文字。

责任问题，是每个国家、政党、阶级、单位、个人每时每刻都面临的问题，但迄今为止，世界上好像没有专门研究它的理论。责任观不是自发形成的，是需要正确的理论指导，通过正确的方法，不断努力才能树立起来的。如果单从字面意义上来理解的话，汉语词典解读“责任”的意思有两种，一是个体分内应做的事；二是没有做好分内应做的事，而应承担的不利后果或强制性义务。那么，责任观就是责任主体对于责任的观点，包括主体对于责任重要性的认识，对于承担责任义务的认识，也包含对于自身不良行为产生的后果判断。那么责任观的核心要义就是在科学的世界观的指导下，通过责任意识的内化，从而产生的对于责任的一种科学的认识与态度。同时，从一定意义上讲，责任观也是价值观，落实责任就是体现价值，衡量一个公民有无价值、有多大价值，主要还是看他是否担负起应有的责任。

Kimi：

责任，如诗中所咏，是每个心灵、每个集体、每个国度都绕不开的主题。时光流转，世界之大，却未曾有一门专为其立论的学说。责任之观，非凭空而生，它渴求智慧的指引，需借由正确的方法，历经磨砺方能扎根心间。

若仅从字面理解，“责任”二字在汉语中，或指分内应行之事，或指未尽分内之事而招致过失产生的后果。于是，责任观即为主体对责任的独到见解，它涵盖了主体对责任重要性的深刻认识，对承担责任的自觉意识，以及对自身失当行为的后果预判。

责任观之精髓，在于以科学的世界观为灯塔，通过责任意识的内化，形成对责任的深邃理解与崇高态度。在某种程度上，责任观亦是价值观的体现。担当责任，便是价值的彰显。衡量一个公民的价值，不在于他拥有多少，而在于他愿意付出多少，是否担起那份应有的责任。

从文字表现上看，Kimi 把原文的观点进行了拆分，对每一段进行了优化润色，让文字更加简短有力，更加精准到位，内容表现力得到了极大提升。从输入结果看，没有不通顺的语句，虽离公文语境尚有差距，但每一段的开头都比原文更具深度、更具魅力，写作者能够从中得到充分借鉴。

5.4 美学输出“灵气”，用AI增“美感”

文字，作为人类文明的载体，从诞生之初就承载着传递信息、表达情感、记录历史的使命。然而，随着时代的进步和审美观念的提升，我们不再满足于仅仅将文字作为信息的传递工具，而更追求文字的艺术性和美感。在这个背景下，将美学与文字相结合，让文字充满美感，成为一种新的写作追求。在美学与文字的交融中，文字不仅是信息的载体，更是情感的传达者、心灵的触摸者。

它可以通过色彩、构图、光影等美学元素的运用，让描述更加生动、形象，让读者仿佛置身于所描述的场景之中，感受作者的情感和心境。

那么，如何将美学与文字相结合，让文字充满美感呢？这正是我们要探讨的主题。接下来我们将一起探讨美学与文字的融合之道，学习如何运用美学元素和技巧来提升写作水平。

5.4.1 美学的魔法：点亮文字中的视觉盛宴

当我们谈论用美学为写作增添“美感”时，我们其实是在探索如何将文字与视觉艺术相结合，让文字呈现出令人陶醉的美感和视觉冲击力。举个例子，当你想描述一个美丽的花园时，你可以说：“花园里开满了各种各样的花朵，色彩斑斓，香气扑鼻。”这样的描述虽然不错，但缺乏视觉冲击力。而如果运用美学原理，你可以这样写：“花园中，色彩斑斓的花朵竞相绽放，红的如火，黄的如金，紫的如霞，宛如一幅生动的油画，每一朵花都散发着令人陶醉的香气。”这样的文字不仅更加生动，而且让人仿佛置身于那个美丽的花园之中。

5.4.2 AI与美学的碰撞：为文字注入更多视觉冲击力

现在，让我们来看看AI如何与美学相结合，为文字注入更多的视觉冲击力。

AI可以分析大量的美学作品，学习其中的色彩搭配、构图技巧以及艺术风格，然后将这些美学原理应用到你的写作中。比如，你可能想要描述日出时的景色。这时，AI可以为你提供关于日出时色彩变化的建议，以及如何利用不同的修辞手法来描绘这一美景。AI 可能会建议你使用渐变色的描写方式，从深邃的蓝色逐渐过渡到温暖的橙色和红色，让读者仿佛看到了天空的色彩变化。这样的文字不仅更加生动，而且具有更强的视觉冲击力。AI 还可以帮助你探索不同的艺术风格，并将它们融入你的写作。比如，你可以尝试将印象派的色彩运用到你的文字中，让描述更加富有诗意和浪漫气息。或者，你也可以尝试将现代艺术的构图技巧应用到你的文章中，让文字呈现出更加独特和前卫的风格。

5.4.3　美学文字的塑造技巧：让语言更具视觉美感

要让你的文章充满美感，除了运用 AI 助力外，还需要掌握一些塑造技巧。下面，我们就来探讨一下这些技巧。

1. 要注重色彩的运用

色彩是美学中非常重要的一个元素，它能够直接影响读者的视觉感受。因此，在写作时，你可以尝试运用不同的色彩词汇来描写场景和人物，让文章更加生动和多彩。

2. 要注意构图的平衡和对比

在美学的概念里，构图是指画面中各个元素的排列和组合方式。同样地，在写作中，你也可以运用构图的原理来安排你的文字。比如，你可以通过对比和平衡的手法来突出主题和重点，让文章更有层次感和吸引力。

3. 要尝试运用一些美学修辞手法，如隐喻、象征等

运用修辞手法能够让你的文章更加富有内涵和深度，同时也能够增强读者的阅读体验。

5.4.4 AI 助力美学文字创作：让作品焕发独特魅力

AI 在美学文字创作中的助力不容忽视。它不仅可以为我们提供丰富的美学素材和灵感，还能帮助我们优化语言，赋予作品以美感。

案例5.4

写作者在 DeepSeek 中输入：请帮我优化以下内容，从美学的角度让下面的宣传稿多一些美感。

摩天岭风景名胜区位于山西省左云县境北边与内蒙古自治区凉城县交界处。左云县历史悠久，早在 10 万年前，已有人类在这块土地上繁衍生息。秦时属雁门郡，汉设武州县，隋属云内县，唐属定襄县，元属大同路，明置大同左卫，清雍正年间改称左云县。左云县是历代屯兵的边陲重镇、“兵家必争之地”。因此，县域内保留下了三个朝代的长城遗迹，即东汉、北魏和明长城，目前我们能清楚地看到的是明长城遗产。

明长城今作为内蒙古与山西省的自然分界线，在左云县境内主要分布在管家堡乡和三屯乡，也就是我们今天要参观的摩天岭风景名胜区域内。这段明长城从管家堡乡保安村绵延至三屯乡原二十边村，全长 26 公里。

景区内摩天岭长城是“天下第一雄关”居庸关以西，保存比较完整且蜿蜒起伏、雄险壮观的一段明长城，东起八台子村，西至五路山最高峰，横跨两山一沟，长城斜披于山岭上数十里，变化较大，远望如巨龙卧于此处，气势雄浑。因其与北京的八达岭长城有几分相似又被称作“小八达岭”，民间有“东看八达岭，西看摩天岭”之说。

风景名胜区范围面积为75.39平方公里，核心区面积25.4平方公里。自然景色瑰丽多姿，人文景观博大精深，风格各异的景点古迹相得益彰。

风景区内景观资源类型较为丰富，长城、古堡、烽火台被称为“雁北三绝”，景点沿分布线贯穿，多点集中，多数分布在明长城一线。主要有摩天岭长城、镇宁箭楼、宁鲁堡、威鲁堡、保安堡、八台子教堂、八台子圣泉、石林、月华池、汉亭障等。摩天岭风景名胜区拥有建在石林上的长城、最完整的空心箭楼、唯一建有教堂的长城资源。

它是中国万里长城的重要组成部分，于1986年列为省级文物保护单位；

2010年，被山西省人民政府命名为省级风景名胜区；

2020年底，国家文物局公布了第一批国家级长城重要点段名单，左云县明长城宁鲁堡—八台子段被列为全国54段（处）明长城重要点段之一；

2021年，月华池、摩天岭长城、镇宁箭楼、大单巴教堂“摩岭四绝”，被评为大同长城八景之一；

2023年10月，摩天岭长城一号公路成功入选“2023中国户外运动精品骑行线路”；

2023年底，左云摩天岭风景名胜区被确定为国家3A级旅游景区。

DeepSeek：

摩天岭风景名胜区，位于左云县北界与内蒙古自治区凉城县的接壤之地，是历史与自然交织的瑰宝。左云县，这片古老的土地，见证了人类十万年的繁衍生息，承载着秦时雁门郡、汉武州县、隋唐云内与定襄的厚重历史，明清时期更是作为大同左卫与左云县的军事重镇，为历代兵家所必争。

在这片土地上，三段不同朝代的长城遗迹静静诉说着往昔的辉煌。其中，明长城尤为瞩目，它不仅见证了历史的变迁，更是内蒙古与山西的自然分界线。在左云县，尤其是摩天岭风景名胜区内，明长城蜿蜒起伏，长达26公里，其雄伟与险峻，堪称一绝。

摩天岭长城，被誉为“天下第一雄关”居庸关以西的明珠。它从八台子村起始，横跨两山一沟，延伸至五路山的最高峰。长城斜披于山岭之上，如巨龙盘踞，气势磅礴。其与北京的八达岭长城有着异曲同工之妙，故有“东看八达岭，西看摩天岭”的美誉，亦被称为“小八达岭”。

摩天岭风景名胜区总面积75.39平方公里，核心区域25.4平方公里。这里不仅有壮丽的长城，还有古堡、烽火台等人文景观，与瑰丽的自然风光交相辉映，形成了一幅幅动人的画卷。

在这片土地上，长城、古堡、烽火台被誉为“雁北三绝”。众多景点如摩天岭长城、镇宁箭楼、宁鲁堡等，沿着明长城一线分布，形成了独特的景观带。特别是建在石林上的长城、完整的空心箭楼以及唯一建有教堂的长城资源，更是摩天岭的独特之处。

摩天岭风景名胜区不仅是大同长城的重要组成部分，更是国家级的文物保护单位。自1986年列为省级文物保护单位以来，它先后获得省级风景名胜区、国家级长城重要点段、大同长城八景之一等荣誉。2023年，摩天岭长城一号公路荣登“2023中国户外运动精品骑行线路”之列，年底更是被确定为国家3A级旅游景区。

这里，每一步都是历史的印记，每一景都是自然的馈赠。摩天岭风景名胜区，等待着您的探索与发现。

从输出结果上看，AI可以帮助我们优化语言，通过提供替代词汇、优化句子结构，让原文语言更加精练、优美。AI还探索了不同的美学风格和流派，注重色彩的运用和构图的平衡，将画中的色彩、构图和光影等元素应用到宣传稿的文字中，以创造出更具视觉冲击力和情感共鸣的叙述。AI所提供的美学灵感和创作技巧，都可以成为写作工具箱中的宝贵财富，得益于此，AI创作的文章将变得更加生动、有趣、富有美感和深度。

5.5 历史充实“义理”，用AI增“韵味”

在人类文明发展的过程中，文学与历史犹如两条河流，它们各自奔流，却又时常交汇。文学以其细腻的笔触、丰富的情感表达和蕴含的深刻思考，记录着人类的心路历程；历史则以客观的事实、宏大的视角和严谨的叙述，勾勒着人类社会的发展轨迹。当文学与历史相遇，它们便共同编织出一幅幅绚丽多彩的篇章，成为人类文明的宝贵财富。

接下来，我们将探讨具有历史韵味的文章的魅力与价值，以及如何利用AI技术为文章创作注入富含历史韵味的内容。

5.5.1 历史的韵味：为文章增添时间的魅力

在写作中巧妙地融入历史元素，就像给文字滴入几滴魔法香精，立刻就能为作品增添一些独特的韵味。假设你正在写一篇关于爱情的文章。如果只是单纯地描述男女主人公相遇、相识、相爱，可能会显得有些平淡。但如果你巧妙地将一段历史事件融入其中，比如让他们相遇在一个历史性的时刻，比如让他们的爱情经受历史变迁的考验，那么这个故事就会立刻变得丰满，充满戏剧性。你可以这样写："在那个风起云涌的年代，他们的爱情波澜壮阔。每当历史的巨轮滚滚向前，他们的命运也随之起伏不定。那段历史中的英雄豪杰伴随着一切悲欢离合，都成了他们爱情的见证者和参与者。"这样的文字，不仅让人感受到了爱情的甜蜜与苦涩，还能让人感受到历史的厚重和深沉。

5.5.2 AI与历史的碰撞：探索文章的深度与广度

现在，让我们来看看AI写作如何与历史碰撞出火花。AI拥有强大的信息处理和分析能力，它可以为我们提供大量的历史资料和背景知识，帮助我们更深入地了解历史。同时，AI还可以通过对大量历史文学作品的学习和分析，为我们提供创作灵感和建议。比如，你可能正在写一个关于古代宫廷的故事，但对古代宫廷的礼仪、制度等不太了解。这时，你可以向AI求助。AI能够为你提供详细的古代宫廷知识，甚至可以为你生成一些符合历史背景的情节和对话。这样，你就能在写作中更加自如地运用历史元素，增加作品的深度和广度。

5.5.3　有历史韵味的文章创作：让文字穿越时空

要想创作出具有历史韵味的文章，除了需要了解历史背景和知识外，还需要掌握一些创作技巧。下面，我们就来探讨一下如何通过具体的创作实践，让文章穿越时空，充满历史韵味。

1. 要注重语言的运用

有历史韵味的文章语言应该既古朴典雅又生动活泼。你可以尝试使用一些修辞手法，比如对仗、排比、借代等，让文章更加富有韵律和节奏感。同时，还要注意使用符合历史背景的词汇和表达方式，让读者能够感受到那个时代的氛围和气息。

2. 要注重情节的构建

有历史韵味的文章情节应该紧密围绕历史背景和人物性格展开。你可以通过描写历史事件和人物关系来推动情节的发展，让故事引人入胜。同时，还要注意情节的合理性和可信度，避免出现与历史事实相悖的情况。

3. 要注重人物形象的塑造

有历史韵味的人物形象应该既具有历史特点又具有个性魅力。你可以通过描写人物的外貌、性格、行为等来塑造鲜明的人物形象，让读者感受到人物的饱满和生动。同时，还要注意人物形象塑造的多样性和丰富性，避免出现单一和刻板的情况。

5.5.4　AI 在历史韵味文章创作中的实践：为作品注入更多文化底蕴

AI 写作工具可以为我们提供丰富的历史素材和背景知识，帮助我们更好地拟定文章的故事背景和情节，也可以通过对大量历史文学作品的学习和分析，为我们提供创作灵感和建议，还可以帮助我们优化语言并修改润色作品。

案例5.5

写作者在秘塔中输入：请帮我优化以下内容，为文章加入更多的历史元素。

珍惜青春韶华　不负伟大时代

党的二十大报告曾寄语新时代的青年，希望他们坚定不移听党话、跟党走，怀抱梦想又脚踏实地，敢想敢为又善作善成，成为有理想、敢担当、能吃苦、肯奋斗的新时代好青年。这四个方面的品质，既是领袖的嘱托，也是时代的召唤，更是青年自身的成长需求。回望历史，我们不难发现，这些品质正是一代代优秀青年的共同特征。

一、高擎理想之旗，铸就青春之魂

理想信念是人生的灯塔，它照亮了我们前行的道路，也决定了我们的价值取向。百年来，无数优秀的青年都将理想信念作为自己的人生座右铭，他们为了民族的独立和人民的幸福，有的不惜付出生命的代价。从革命先烈的英勇奋斗，到青年突击队、志愿垦荒队的艰苦创业；从“团结起来，振兴中华”的时代强音，到“清澈的爱，只为中国”的深情告白：这些都是青春理想的力量。因此，新时代的青年必须铸牢理想信念之魂，正确认识个人成长与国家命运之间的密切联系，将个人价值的实现与祖国的繁荣富强紧密相连。

二、勇担时代重任，展现青春风采

担当是一种责任，也是一种行动。它要求我们在面对困难和挑战时，敢于挺身而出，勇于承担责任。青年是民族复兴的主力和保障。历史和实践都证明：青年一代有理想、有担当，实现我们的发展目标就有源源不断的强大力量。新时代的青年要牢记“国之大者”，厚植家国情怀，练就过硬本领，在担当中历练，在尽责中成长，让青春在为祖国、为人民、为民族、为人类的奉献中焕发出更加绚丽的光彩。

三、砥砺奋斗精神，锤炼青春意志

奋斗是青春最亮丽的底色，也是实现梦想的必由之路。新时代的青年要有不怕苦的意志和甘于吃苦的心态，把吃苦当作一种财富、一种历练。要在年轻时到基层和艰苦的地方去锻炼自己、磨砺意志、增长本领。只有这样，才能更好地适应时代的发展变化，更好地为实现中华民族伟大复兴的中国梦贡献力量。

四、践行实干精神，书写青春华章

实干是成就事业的必由之路。新时代的青年要珍惜韶华、脚踏实地，在一言一行、点点滴滴中将个人梦想融入中国梦、强国梦。要热爱学习、潜心钻研、专心锻炼，努力提升自己的综合素质和能力水平。同时，还要把爱国之情、报国之志融入祖国改革发展的伟大事业之中，为实现中华民族伟大复兴的中国梦贡献自己的智慧和力量。

秘塔：

珍惜青春韶华　不负伟大时代

党的二十大报告强调，广大青年要坚定不移听党话、跟党走，怀抱梦想又脚踏实地，敢想敢为又善作善成，立志做有理想、敢担当、能吃苦、肯奋斗的新时代好青年。我理解，新时代新青年的责任担当就在于牢记领袖嘱托、坚定理想信念、积极担当作为、永葆奋斗底色。具体来说，我有以下四个方面的思考感悟。

第一，在举旗铸魂中践行“有理想”要求。理想信念是人生的灯塔，决定我们的方向和立场，也决定我们的言论和行动。回望百年,“理想信念”是一代代青年的人生座右铭。那是革命先烈前仆后继的无畏身影，是青年突击队、青年志愿垦荒队在山川大地树起的鲜艳旗帜，是“团结起来，振兴中华”的时代强音，是“清澈的爱，只为中国”的深情告白，是“请党放心，强国有我”的铿锵誓言……因此，我们只有铸牢理想信念之魂，才能经受住各种考验。要正确认识个人成长进步与国家前途命运之间的密切联系，将自己人生价值的实现同祖国的繁荣富强紧紧连在一起，不断筑牢信仰之基、补足精神之钙、把稳思想之舵。

第二，在逐梦拼搏中践行“敢担当”要求。担当是一种境界、一种态度，更是一种责任、一种行动。时代呼唤担当，青年是民族复兴的主力和保障，历史和实践充分证明：青年一代有理想、有担当，实现我们的发展目标就有源源不断的强大力量。因此我们要牢记“国之大者”，厚植家国情怀，练就过硬本领，担当使命任务，敢于担当、勇于担当、善于担当，事不避难、义不逃责、主动作为，到广阔天地中施展抱负、建立功勋，争当伟大理想的追梦人，以青春奋斗“小我”书写强国复兴“大我”。

第三，在砥砺加压中践行“能吃苦”要求。我们要有不怕苦的意志、甘于吃苦的心态、能吃苦的信念，有过跳蚤关、饮食关、生活关、劳动关、思想关的勇气，毕业后要到祖国最需要、最艰苦的地方锻炼自己、磨砺意志、增长本领，把吃苦当作一种良好习惯、一种宝贵财富，用汗水浇灌收获，以实干笃定前行，贡献青春力量，创造人生辉煌。

第四，在勤学实干中践行“肯奋斗”要求。党的二十大报告要求：“要用新的伟大奋斗创造新的伟业。”我们作为新时代青年，生逢盛世，重任在肩，应当珍惜韶华，砥砺奋斗，在一言一行、点点滴滴中将个人梦想融入中国梦、强国梦，热爱学习、潜心钻研、专心锻炼，尽我所能学好每一个课程，尽善尽美完成每一项任务，把爱国之情、报国之志融入祖国改革发展的伟大事业之中，融入中国特色社会主义事业“五位一体”总体布局和“四个全面”战略全局的伟大奋斗之中，融入以中国式现代化全面推进中华民族伟大复兴的奋斗实践之中。

不难发现，通过自然语言处理技术和机器学习算法，AI可以自动检测并纠正作品中的语法错误、拼写错误等问题，增加了多次引用和举例，并提供更加流畅自然的表达方式，根据历史背景和人物性格等因素来优化作品的情节和人物形象塑造，使得文章更加具有历史韵味，更加具有感染力。

第6章

让理论多点“内涵”——善用 AI 挖深度

在当今数字化、智能化飞速发展的时代背景下，人工智能已经渗透到我们生活的方方面面。对于公文写作而言，AI 技术更是带来了一场革命性的变革。本章节旨在深入探讨如何利用 AI 技术提升公文写作的理论深度和内涵，以期在理论与实践之间架起一座桥梁，推动公文写作走向更高层次。本章收集了来自北京、上海、浙江、广东、新疆等多个地区公文写作者的 AI 使用反馈，期待用具体反馈的实例展示出 AI 写作的公文价值。

6.1 把旗帜举正，用AI归正方向

在浩瀚的信息海洋中，公文写作如同航船，必须高举正确的旗帜，坚守清晰的方向。随着人工智能技术的迅猛发展，AI 写作工具已经成为公文写作领域不可或缺的重要力量。本节将深入探讨如何运用 AI 技术归正公文写作方向，确保旗帜始终高扬在正确的道路上。

6.1.1 AI 校准思想航向，坚守核心价值

在公文写作中，思想的航向是旗帜的灵魂。一份优秀的公文，必须能够准确传达政策精神、体现核心价值。AI 技术在这方面发挥着重要作用。通过自然语言处理、大数据分析等手段，AI 能够深入挖掘政策文件、领导讲话中的精神实质，为公文写作提供精准的思想指导。

例如，在某市政府的政策文件起草过程中，AI 工具通过对历史政策文件、领导讲话等数据的深度学习，成功识别出该文件应重点体现的核心价值——促进经济发展、改善民生。在 AI 输出的指

导下，文件起草团队可以借力紧扣核心价值，使整篇文件既体现政策的延续性，又突出新时代的发展要求。例如，在描述经济发展目标时，AI 工具建议明确具体的增长率和关键产业，以确保目标具有可衡量性和可操作性；在改善民生方面，AI 工具提出增加公共服务设施、提高社会保障水平等具体建议，使文件内容更加贴近民众的实际需求。

与此同时，AI 工具还能实时监测公文写作过程中的思想偏移，及时提醒写作者回归正确的航向。例如，在描述某项政策时，如果写作者过于强调某一方面的利益而忽视了对其他方面的考虑，AI 工具可以提醒写作者注意平衡各方利益，确保政策的整体性和公正性。

6.1.2　AI 锚定写作基准，确保立场鲜明

在公文写作中，立场是旗帜的根基。一份立场鲜明的公文，能够让人一目了然、易于理解。AI 技术通过对大量文本数据的分析处理，能够准确判断公文写作中的立场倾向，为写作者提供有力的参考。

以一份关于某省环保政策的公文为例，AI 写作工具通过文本分析，发现该文件在描述环保问题时立场不够鲜明。于是，AI 工具提出了修改建议，强调对环保问题的重视程度，并明确了政府部门的责任。在 AI 的帮助下，公文写作团队及时作了调整，使整篇公文体现的立场更加鲜明有力。例如，在描述环保问题时，AI 工具建议采用更加直接和明确的措辞，强调政府部门的决心和措施，以彰显立场的坚定性。

6.1.3 AI 引领文风转变，弘扬时代精神

随着时代的发展，公文写作的文风也在不断变化。AI 技术能够敏锐地捕捉时代精神，为公文写作提供符合时代要求的文风指导。

近年来，随着政务公开的深入推进，公文写作越来越注重简洁明了、通俗易懂。AI 写作工具通过对大量公文的分析，发现了一种更加简洁、直观的表达方式。在某市政府的一份报告中，AI 系统建议采用图表、数据可视化等方式呈现数据，使报告更加直观易懂。这一建议得到了采纳，不仅提高了报告的可读性，也更好地弘扬了时代精神。在公文写作中，有时写作者可能会因为追求形式上的华丽而忽视内容的精练和表达的简洁。这时，AI 工具可以通过对文本的分析和处理，帮助写作者去除冗余的词语和句子，使公文更加紧凑有力。

6.1.4 AI 助力创新表达，摒弃陈规陋习

在公文写作中，创新表达是提升吸引力的关键。AI 技术通过对语言数据的深度挖掘，能够为公文写作提供新颖的表达方式，摒弃陈规陋习。

例如，在某部门的年终总结报告中，AI 工具发现了一些陈旧的表达方式，如“在领导的亲切关怀下”“在各部门的共同努力下”等，AI 工具建议采用更加具体、生动的表达方式，如“在市长的亲自指导下”“经过技术团队日夜奋战”等。这些建议被采纳后，整篇

报告更加生动有力，让人耳目一新。此外，AI 写作工具还能提供丰富的词汇和短语库，帮助写作者拓展表达方式、丰富语言内涵。

AI 工具还能帮助写作者避免出现抄袭和剽窃的问题。在公文写作中，抄袭和剽窃是严重的违规行为，极有可能带来法律风险。AI 写作工具可以通过对文本的比对和分析，帮助写作者检测文章是否存在抄袭和剽窃问题，并及时提醒和纠正。

6.1.5　凝聚共识力量，AI 筑牢理论根基

公文写作的最终目的是凝聚共识、推动实践。而要实现这一目标，就必须筑牢理论根基、夯实思想基础。在这个过程中，AI 技术的应用同样发挥着重要作用。

AI 能够通过深度学习和自然语言处理等技术，对大量的理论文献和实践案例进行深入分析和学习，提取出其中的核心观点和理论精髓。在公文写作过程中，AI 能够自动检测文本内容是否和这些核心观点与理论精髓保持一致，从而帮助我们及时发现和纠正偏差。同时，AI 还能提供丰富的素材和案例支持，使公文更加具有说服力和可信度。

在 AI 助力下，我们不仅能够更加深入地理解和把握党的理论和路线方针政策，还能在公文写作中更加准确地传递这些理论和政策的精神实质和实践要求。这样，我们的公文不仅能够更好地凝聚共识、推动实践，还能在全社会范围内形成更加广泛而深刻的理论影响和实践成效。

下面，我们进行一次具体实践。

案例6.1

写作者在豆包中输入：请帮我为以下内容增加理论的深度。

红旗渠建设伊始，县委计划“大干八十天，引来漳河水”，后来发现事情并没有想象中的那么简单，精力分散、后勤保障困难等一系列问题，严重影响了工程进度和质量。中共林县县委迅速召开会议，结合实际调整建设计划，全县10万人民上下一条心，集中精力先把山西省境内的渠首工程建好，再修建林县境内部分，这样的情形就如同当年毛主席决策辽沈战役先打锦州一样，既团结一心，又攻其首要，后徐图其余。这种团结协作精神是林县人民群众集体造就的，既是时代精神，也是永恒的精神财富。这充分表明，在党的领导下，充分激发人民群众的无穷力量，才能干大事、成伟业。

豆包：

红旗渠的建设不仅是一项艰巨的水利工程，更是对马克思主义群众史观和中国共产党领导核心作用的一次深刻实践。在项目启动之初，县委提出的“大干八十天，引来漳河水”的口号，体现了对群众力量的初步动员和对任务紧迫性的认识。然而，实践过程中遭遇的种种挑战，如精力分散、资源调配困难等，实际上是对初期计划过于乐观的一种反馈，揭示了社会实践活动的复杂性与不确定性，符合党关于“实践是检验真理的唯一标准”的论断。

面对困境，中共林县县委及时召开会议，调整策略，这一决策过程体现了党的实事求是思想路线，即在实践中发现问题、分析问题、解决问题。决定先集中力量建设山西省境内的渠首工程，再逐步推进至林县境内，这一战略调整与毛泽东军事思想中的“集中优势兵力，各个歼灭敌人”的原则不谋而合，展现了战略上的灵活性与战术上的精准性。通过优先解决关键节点，确保了整个工程的有效推进，体现了抓主要矛盾、解决关键问题的哲学思维。

这种团结协作精神，不仅是对中华民族传统美德的传承，也是社会主义集体主义精神的生动体现。它深刻反映了马克思主义关于人民群众是历史创造者的基本原理，即在正确的领导下，人民群众能够汇聚成推动社会进步的强大力量。这种精神不仅属于林县人民，更是那个时代中国人民艰苦奋斗、自强不息精神的缩影，具有跨越时空的普遍价值。

红旗渠的成功建设证明了中国共产党作为中国特色社会主义事业领导核心的重要作用。党的领导不仅体现在宏观战略的制定上，更在于能够根据实际情况灵活调整策略，有效组织和动员群众，克服前进道路上的重重困难。这一过程强化了党群关系，体现了党的群众路线——一切为了群众，一切依靠群众，从群众中来，到群众中去——的实践价值。

6.2　把阵地拓宽，用AI增加维度

在公文写作中，我们常常需要处理大量的信息，跨越多个领域，以确保内容的全面性和深度。传统的写作方式在处理这种复杂性时可能会显得力不从心，而 AI 技术的引入，为我们提供了全新的解决方案。AI 不仅能够帮助我们快速整合信息，还可以拓宽

我们的思维、视野，丰富公文的内涵，增加公文的深度。

6.2.1 跨越领域界限，AI 拓宽知识视野

AI 技术通过深度学习和大数据分析，能够迅速吸收和整合不同领域的知识。在公文写作中，AI 可以帮助我们跨越学科界限，将不同领域的知识和观点融入公文中，使其内容更加丰富和全面。

比如，某省城投公司准备撰写一篇关于智慧城市建设的公文。在传统写作过程中，他们可能需要花费大量时间来研究城市规划、信息技术、环境保护等多个领域的知识。然而，借助 AI工具，他们可以轻松获取这些领域的相关数据和信息，并对其进行深度分析。AI 可以帮助他们识别出不同领域之间的关联点，从而为他们提供一个更加全面的视角来审视智慧城市建设问题。最终，该城投公司引用 AI 工具分析得出的数据和信息，充分展示了智慧城市建设的多维度效应。例如，如何提高城市管理的效率，如何促进环境保护和可持续发展，以及如何提升居民的生活质量。这样的公文不仅更具说服力，也更能引起读者的共鸣。

6.2.2 融合多元文化，AI 丰富表达层次

在全球化背景下，公文写作往往需要考虑到不同文化背景的读者。AI 技术可以帮助我们分析和理解不同文化之间的差异，从而调整我们的表达方式，使公文更加容易被理解和接受。

比如，某市商务局撰写了一篇关于国际贸易合作的公文。这篇公文需要同时考虑来自不同国家和地区的读者，他们有着不同的语言习惯和文化背景。AI 写作工具帮助该商务局分析了这些差异，

并提供了相应的建议来优化文章的表达方式。通过分析不同文化背景下的语言表达习惯和价值观差异，AI 工具帮助作者调整了语言风格，使用了具有普遍意义的符号和图像，使公文更易于被不同文化背景的人群所接受和理解。通过使用 AI 提供的翻译和本地化功能，确保了信息在不同文化背景下的准确传达。

可见，利用 AI 技术写出的公文不仅能够传达出作者的核心观点和政策建议，还能够尊重和理解不同文化背景的读者需求。

6.2.3 挖掘深层内涵，AI 增加思考深度

AI 技术具有强大的数据分析和模式识别能力，可以帮助我们深入挖掘信息背后的深层内涵和规律。在公文写作中，AI 可以帮助我们更加深入地思考问题、分析现象、提炼观点，从而增加公文的思考深度，提升公文的理论高度。

比如，某省办公厅撰写了一篇关于社会经济发展的公文。在传统写作过程中，他们或许只能基于有限的数据和经验来进行分析和判断。然而，借助 AI 技术对大量社会经济数据进行深度挖掘和分析，他们发现了其中的趋势和规律。AI 协助该厅分析了复杂的社会经济现象，通过数据驱动方式揭示了隐藏在经济发展背后的深层原因和影响机制。在公文中，该厅引用 AI 分析得出的结论和洞察，提出了更加有针对性和可操作性的政策建议和解决方案。

6.2.4 引入前沿科技，AI 增强时代感召

AI 作为当前科技发展的前沿领域之一，具有强大的创新能力

和引领作用。在公文写作中引入 AI 技术，不仅可以提升公文的科技含量和创新性，还能增强其时代感召力和引领作用。

比如，某地社科部门撰写了一篇关于科技创新推动经济发展的公文。在这篇公文中，写作者利用 AI 技术来展示了科技创新的最新成果和发展趋势，收集和分析了相关的科技数据和案例，揭示了科技创新对经济发展的巨大推动作用。通过引入 AI 技术的前沿性和创新性内容，公文更加生动地展示了科技创新的魅力和潜力，激发读者对科技创新的兴趣和热情。这样的公文不仅具有很强的说服力，也能引领读者思考如何更好地利用科技创新推动经济发展。

6.2.5　拓展国际视野，AI 助力跨文化交流

在全球化背景下，跨文化交流已成为公文写作中不可或缺的一部分。AI 技术的应用可以帮助我们更好地理解和适应不同文化背景下的写作规范和表达方式，从而更加顺畅地进行跨文化交流。

比如，某市外事办撰写了一篇面向国际合作伙伴的公文。这篇公文需要考虑不同国家和地区的文化差异和写作习惯。AI 帮助他们分析了这些差异，并提供了相应的建议来优化公文的表达方式。AI 协助他们了解了不同文化背景下的商务礼仪和沟通习惯，使得公文更加符合国际规范和标准。同时，AI 还翻译和适应了不同语言的表达方式和用词习惯，帮助拓宽知识视野、融合多元文化、挖掘深层内涵、引入前沿科技，以及拓展国际视野。

1. 智能数据整合与分析助力政策研究

在某市政府撰写的一份关于城市规划的公文中，AI 技术发挥

了巨大的作用。首先，AI 对城市历史发展、人口分布、交通状况等大量数据进行了深度整合和分析。AI 算法对这些数据进行了深入挖掘，识别出城市规划中的关键问题和挑战。

在写作过程中，AI 技术还提供了可视化报告和图表，帮助政府决策者更直观地理解城市规划的现状和未来趋势。这些数据和图表被巧妙地融入公文，增强了公文的说服力和专业性。

最终，这份公文不仅提出了切实可行的城市规划方案，还附带了详细的数据支持和分析报告。这使得政府决策者能够更加全面地了解城市规划的各个方面，为未来城市发展提供了有力支持。

2. 多语言翻译助力国际合作

在一家跨国公司的年度报告中，AI 技术在多语言翻译方面发挥了关键作用。该公司需要在报告中同时呈现英文、中文和法文三个版本，以确保不同国家和地区的员工都能理解和接受。

AI 翻译工具被用来进行文本的自动翻译和校对。这些工具不仅提供了准确的翻译结果，还保留了原文的语气和风格。在写作过程中，AI 技术还帮助调整了不同语言版本之间的表达方式和用词习惯，以确保它们在各自文化背景下都能够得到恰当的表达。

最终，这份年度报告以三种语言形式呈现在员工面前，得到了广泛的好评和认可。这不仅提升了公司的国际形象，也增强了员工之间的沟通和理解。

3. 情感分析助力公众意见征集

在某个城市政府就一项公共设施建设项目征求公众意见的过程中，AI 技术发挥了情感分析的作用。政府通过在线问卷和社交媒体平台收集了大量公众意见和反馈。

AI 技术对这些意见进行了情感分析，识别出公众对于该项目的积极、消极和中性态度。同时，AI 还提取了关键词和主题，帮助政府更加准确地了解公众关注的焦点和担忧。

在写作回复公众的公文时，政府充分考虑了 AI 分析的结果，不仅回应了公众的关切和疑虑，还吸纳了部分积极建议。这份公文不仅体现了政府对公众意见的重视和尊重，还增强了公众对于政府工作的信任和支持。

6.3 把逻辑理顺，用AI讲清主旨

传统的公文写作，往往依赖于写作者的经验与技巧。随着人工智能技术的快速发展，AI 已经成为提升公文写作质量的重要工具。AI 不仅能够帮助我们快速梳理思维脉络，还能在繁杂的信息中提炼出核心论点，使公文更加聚焦主旨。同时，AI 工具还能根据读者的阅读习惯和认知规律，优化篇章结构，精练文字表述，让公文更加符合读者的需求。

在本节中，我们将深入探讨利用 AI 技术来优化公文写作的逻辑与主旨。通过具体实例，展示 AI 在公文写作中的应用场景和实际效果，以期为广大公文写作者提供有益的参考和启示。

6.3.1 梳理思维脉络，AI 明晰逻辑链条

逻辑链条清晰与否直接关系到文章的说服力和读者的理解程度。应用 AI 技术，可以帮助写作者更好地梳理思维脉络，确保文章条理清晰、逻辑严密。

以某市政府工作报告的撰写为例，写作者往往需要将大量的数据和事实整合到一篇报告中。借助 AI 技术，写作者可以先将收集到的数据输入 AI 系统，让系统对信息进行分类和整理。经过 AI 的分析，写作者可以迅速把握各项数据的内在联系和趋势，为报告的撰写提供有力的逻辑支撑。

6.3.2　突出核心论点，AI 聚焦主旨表达

在公文写作中，突出核心论点是至关重要的。AI 技术可以帮助写作者快速识别文章主旨，确保文章围绕核心论点展开，避免偏离主题。

以一篇关于环境保护的政策文件为例，写作者需要明确阐述环境保护的重要性和具体措施。通过 AI 技术的辅助，写作者可以在写作过程中实时监测文章主旨是否偏离，确保每一个段落、每一个句子都在为核心论点服务。这样不仅能够使文章更加紧凑有力，还能够让读者更加清晰地理解文章的主旨和意图。

6.3.3　优化篇章结构，AI 助力条理分明

篇章结构是公文写作中不可或缺的一部分。合理的篇章结构能让文章条理分明、易于阅读。AI 技术可以帮助写作者优化篇章结构，使文章更加符合读者的阅读习惯。

以一篇关于经济发展的规划方案为例，写作者需要按照一定的逻辑顺序来阐述规划的目标、措施和预期效果。借助 AI 技术，写作者可以根据规划方案的特点和读者的阅读习惯，对文章进行自动分段和排版。这样的文章不仅更加美观大方，还能让读者更

加轻松地理解和接受其中的内容。

6.3.4 删繁就简提炼，AI 精练文字表述

公文写作一般要求文字表述简洁明了、重点突出。AI 技术可以帮助写作者删繁就简，提炼出文章的核心内容，使文字表述更加精练有力。

以一篇关于社会治理的新闻报道为例，新闻稿通常需要简洁明了地阐述事件的主要情况和意义。借助 AI 技术，写作者可以将原始素材输入系统，让系统对文字进行自动提炼和压缩。通过 AI 的处理，原始素材中的冗余信息和无关紧要的内容被剔除，只保留了核心内容和关键信息，使得新闻稿更加简洁明了，突出重点和亮点。

6.3.5 遵循认知规律，AI 增强可读性

在公文写作中，写作者不仅追求内容的准确性，还追求表达的流畅性和读者的接受度。AI 技术可以深度洞察读者的阅读习惯和认知规律，帮助调整文本的结构、语言和风格，使公文更加符合读者的阅读习惯，从而大大增强其可读性。

例如，在撰写一篇关于城市规划的公文时，AI 分析了大量的读者数据和阅读习惯，发现读者更倾向于阅读简洁明了、条理清晰的文章。因此，AI 会在写作过程中自动调整句子结构，减少冗余和复杂的表述，使文章更加流畅易懂。同时，AI 还会根据读者的阅读习惯，合理安排段落和标题，使得整篇公文结构清晰，便于读者快速把握文章的主旨和要点。

案例6.2

写作者在通义千问中输入：请帮我优化以下公文的逻辑，让讲话突出主旨。

副县长在全县创卫例会上的讲话

同志们：

今天，我是第一次与创卫战线上的同志们集体见面，各位都是创卫工作的行家里手，希望各位在以后的工作中多配合、多交流、多提醒，共同努力把城市管理工作做好。

在来 ×× 工作之前，就了解到 ×× 城市管理走在全市前列，是全市最早荣获国家卫生县城荣誉的县。到 ×× 工作后，给我的第一印象也是 ×× 县城主街主道、公共场所等区域干净、整洁，卫生保洁做得比较好，市民的素质整体较高。这些天到部分单位实地调研，也初步了解到我县已经基本建立了科学的长效管理机制，成立了九大片区和八个专业工作组主抓创卫工作，建立了每月工作例会制度。各责任单位抓创卫意识比较强，明确了具体责任人员，形成了良好的工作氛围，等等。这些成绩的取得，与各位的辛勤努力是分不开的，希望你们继续保持这些优良传统，抓好各项工作落实。

下半年，城市管理工作最大的目标就是要通过国家卫生县城复审。上半年，各位齐心协力，已经打下了很好的基础，但还是存在一些问题。现在国家卫生县城复审已到了最后的冲刺时刻，时间紧、任务重、要求高。各地、各单位要围绕“清、净、整洁”的要求，认真对标标准，重点针对存在的问题和薄弱环节，进一步压实责任，把握好时间节点，切实整改到位。刚才，县创卫办通报了 7 月份流动红旗评比情况及卫生大检查最清洁单位、不清洁单位及待整治单位，并颁发了流动红旗和奖金，也给城南片区和市场监督管理工作组颁发了鞭策黄旗。两个单位也作了深刻的表态发言，体现了不甘落后的决心，下一步关键还是在抓好落实，希望你们能把这种决心转化为行动，迎头赶上。在此，我提出三点要求。

一是县城管局（县创卫办）作为城市管理工作的牵头抓总部门，要统筹谋划好各项工作，进一步完善工作机制，有效落实好各单位的责任。要按照精细化管理的要求，把蓝皮屋整治、超市经营整治、背街小巷保洁、“六小行业”（小餐饮店、小食品经营店、小理发美容店、小旅馆、小公共浴室和小歌舞厅）管理、“门前三包”落实、健康教育推进等各项工作做细做实。要继续加大督查评比曝光力度，针对发现工作过程中存在的问题，及时反馈，督促有关单位按要求进行整改。要深入开展好“城市建管提升年”活动，强化项目调度，加快推进数字城管、城南垃圾压缩中转站等一批民生项目建设，确保如期完成全年目标任务。

二是要克服厌烦情绪和畏难心理，按照自己的工作职责，抓好本区域和本工作组的各项工作任务。各大片区要加强与片区责任单位的沟通衔接，传达落实好各项工作要求，及时协调解决工作中存在的问题；同时要积极开展各自片区内的检查，充分调动片区责任单位参与城市管理工作的积极性。各专业工作组要结合各自部门职责，将每个阶段的工作任务分解落实到位。

三是要牢固树立“全县一盘棋”的思想，按照创卫办和所属片区下达的任务，做到守土有责、守土负责、守土尽责。要始终坚持问题导向，针对责任区域存在的问题，明确责任人，制定专门的整治措施，不断补齐短板。要充分结合“城市建管提升年”“路长制”等工作，统筹安排好人力、物力、财力，扎实做好责任区域的环境卫生管理。

同志们，城市的形象关系一个地方的形象。希望大家站在讲政治、讲大局的高度，把通过国家卫生县城复审当作近期最重要的工作来抓，认真查漏补缺，狠抓整改落实，确保国家卫生县城复审顺利通过，着力为人民群众营造清净、整洁、有序的城市环境。

通义千问：

副县长在全县创卫例会上的讲话

同志们：

今天，我是第一次与创卫战线上的同志们集体见面，各位都是创卫工作的行家里手，希望各位在以后的工作中多配合、多交流、多提醒，共同努力把城市管理工作做好。

在来 ×× 工作之前，就了解到 ×× 城市管理走在全市前列，是全市最早荣获国家卫生县城荣誉的县。到 ×× 工作后，给我的第一印象也是 ×× 县城主街主道、公共场所等区域干净、整洁，卫生保洁做得比较好，市民的素质整体较高。这些天到部分单位实地调研，也初步了解到我县已经基本建立了科学的长效管理机制，成立了九大片区和八个专业工作组主抓创卫工作，建立了每月工作例会制度。各责任单位抓创卫意识比较强，明确了具体责任人员，形成了良好的工作氛围，等等。这些成绩的取得，与各位的辛勤努力是分不开的，希望你们继续保持这些优良传统，抓好各项工作落实。

下半年，城市管理工作最大的目标就是要通过国家卫生县城复审。上半年，在各位的齐心协力下，已经打下了很好的基础，但还是存在一些问题。现在国家卫生城复审已到了最后的冲刺时刻，时间紧、任务重、要求高。各地、各单位要围绕“清、净、整洁”的要求，认真对标标准，重点针对存在的问题和薄弱环节，进一步压实责任，把握好时间节点，切实整改到位。刚才，县创卫办通报了7月份流动红旗评比情况及卫生大检查最清洁单位、不清洁单位及整治单位，并颁发了流动红旗和奖金，也对城南片区和市场监督管理工作组颁发了鞭策黄旗。两个单位也作了深刻的表态发言，体现了不甘落后的决心，下一步关键还是在抓好落实，希望你们能把这种决心转化为行动，迎头赶上。在此，我提出三点要求。

一是县城管局（县创卫办）要牵好头。县城管局（县创卫办）作为城市管理工作的牵头抓总部门，要统筹谋划好各项工作，进一步完善工作机制，有效落实好各单位的责任。要按照精细化管理的要求，把蓝皮屋整治、超市经营整治、背街小巷保洁、“六小行业”（小餐饮店、小食品经营店、小理发美容店、小旅馆、小公共浴室和小歌舞厅）管理、“门前三包”落实、健康教育推进等各项工作做细做实。要继续加大督查评比曝光力度，针对发现工作过程中存在的问题，及时反馈，督促有关单位按要求进行整改。要深入开展好“城市建管提升年”活动，强化项目调度，加快推进数字城管、城南垃圾压缩中转站等一批民生项目建设，确保如期完成全年目标任务。

二是九大片区和八个专业工作组要履好职。要克服厌烦情绪和畏难心理，按照自己的工作职责，抓好本区域和本工作组的各项工作任务。各大片区要加强与片区责任单位的沟通衔接，传达落实好各项工作要求，及时协调解决工作中存在的问题；同时要积极开展各自片区内的检查，充分调动片区责任单位参与城市管理工作的积极性。各专业工作组要结合各自部门职责，将每个阶段的工作任务分解落实到位。

三是各片区责任单位要守好土。要牢固树立“全县一盘棋”的思想，按照创卫办和所属片区下达的任务，做到守土有责、守土负责、守土尽责。要始终坚持问题导向，针对责任区域存在的问题，明确责任人，制定专门的整治措施，不断补齐短板。要充分结合“城市建管提升年”“路长制”等工作，统筹安排好人力、物力、财力，扎实做好责任区域的环境卫生管理。

同志们，城市是一个地方的名片，城市的形象关系一个地方的形象。希望大家站在讲政治、讲大局的高度，把通过国家卫生县城复审当作近期最重要的工作来抓，认真查漏补缺，狠抓整改落实，确保国家卫生县城复审顺利通过，着力为人民群众营造清净、整洁、有序的城市环境。

6.4　把方向找对，用AI厘清重点

在公文写作中，确保方向的正确性是至关重要的。应用 AI 技术可以帮助我们更好地把握方向，厘清重点，使公文写作更具针对性、实效性和可操作性。

6.4.1 把握大势所趋，AI 洞悉发展方向

在公文写作中，我们需要时刻关注国家政策和社会发展趋势，以确保所写内容符合当前的发展要求。但由于信息繁杂，我们很难及时准确地把握大势。这时，AI 技术的优势就显现出来了。

以某市政府的城市规划公文为例，在写作过程中，市政府借助 AI 技术对国内外的城市规划趋势进行了深入分析。AI 技术通过收集和整理大量的城市规划数据、政策文件以及专家观点，为市政府提供了一份全面的城市规划发展趋势报告。这份报告不仅包括当前国内外城市规划的最新理念和实践案例，还预测了未来城市规划的发展趋势。市政府在写作过程中，充分参考了这份报告，确保了公文内容符合当前和未来的城市规划发展方向。

6.4.2 聚焦热点问题，AI 捕捉社会脉搏

公文写作只有紧密结合社会热点问题，才能更好地回应公众的关切和期望。在实际写作中，我们很难及时捕捉到社会热点。AI 技术可以帮助我们快速准确地找到社会热点问题，使公文更具针对性和时效性。

以某环保部门的环保政策公文为例，在写作过程中，环保部门借助 AI 技术实时监测了社会上的环保热点问题。AI 技术对社交媒体、新闻报道等渠道的信息进行了收集和筛选，迅速捕捉到了公众对于环保问题的关注和讨论热点。

6.4.3 精准定位受众，AI 满足读者需求

我们在写作中需要明确受众群体，以满足他们的需求和期望。

然而，由于受众群体的多样性和复杂性，我们很难准确把握每一个读者的需求。这时，AI 技术可以帮助我们精准定位受众群体，使公文更具针对性和可读性。

以某教育部门的教育改革公文为例，在写作过程中，教育部门借助 AI 技术分析了不同群体的教育需求和关切。AI 技术基于对学生的学习成绩、兴趣爱好、家庭背景等多方面数据的分析和挖掘，为学生和家长提供了个性化的教育建议。

6.4.4　突出实践导向，AI 强化应用价值

公文写作需要紧密结合实际工作来展开分析和论述。但因工作性质的复杂性和多样性，我们很难全面了解和掌握实际情况。AI 可以帮助我们更好地了解实际情况、预测未来趋势、评估政策效果等，使公文更具操作性和实用性。

以某市政府的交通管理公文为例，在写作过程中，市政府借助 AI 技术对城市交通状况进行了深入分析。AI 技术基于对交通流量、事故发生率、公共交通使用情况等数据的收集和分析，为市政府提供了一份全面的城市交通状况报告。市政府在写作过程中，结合 AI 提供的报告，提出了针对性的交通管理措施和建议。这些措施和建议符合该市的实际情况，具有较强的操作性和实用性。

案例6.3

写作者在 DeepSeek 中输入：我是 ×× 银行绿色金融岗位的工作人员，我在写年度岗位工作计划，请帮我进行初稿优化，结合绿色金融发展趋势，突出工作重点。

一是解码绿色战略。制订完善我行绿色金融专项行动方案，通过建立“总—分—支”协同联动的组织架构、搭建跨部门协调机制等方式推进绿色金融战略规划实施落地，推动业务创新发展。

二是完善配套机制。在授信政策、业务营销、审批放款、绿色债券、客户分类、绿色运营等方面持续完善配套制度，建立绿色金融准入审批机制，提供绿色审批通道，提高绿色信贷业务开展效率。

三是优化产品服务。构建多元化产品体系，结合绿色产业发展特征，创新抵质押产品，设计差异化绿色贷款产品，满足绿色企业融资需求，探索与多平台、多机构合作，共同为客户提供一体化综合性服务。

四是加强风险防控。针对不同风险类型，制定完善绿色信贷专项管理办法，将绿色信贷风险管理植入信贷业务管理流程中，通过“贷前—贷中—贷后”全流程审查，严控资金流向。

五是实施科技赋能。探索将金融科技运用于绿色产业链、客户ESG评级、环境风险识别管理等绿色金融发展领域，推动绿色金融和数字化转型加快融合，实现绿色识别精准化，推动绿色产品服务创新，跨部门、跨区域、跨行业整合数据。

DeepSeek：

一、深化绿色金融战略与行动方案

1. 结合国际绿色金融发展的最新趋势，如《巴黎协定》下的气候金融目标、全球绿色金融指数等，对我行绿色金融专项行动方案进行持续优化和升级。

2. 强化“总—分—支”协同联动的组织架构，确保高效执行绿色金融战略，快速响应市场变化。

3. 深化跨部门协调机制，形成绿色金融发展的内部合力，推动绿色金融产品和服务在全行的广泛应用与创新。

二、完善绿色金融政策与市场机制

1. 在授信政策中进一步细化绿色标准和评估方法，引导资金流向低碳、环保、可持续的产业和项目。

2. 结合国内外绿色金融市场动态，优化绿色债券发行策略，降低融资成本，提升市场影响力。

3. 引入国际先进的ESG（环境、社会和公司治理）评价体系，完善客户分类和绿色运营标准，提升我行绿色金融服务的国际竞争力。

三、创新绿色金融产品与服务模式

1. 跟踪绿色产业发展前沿，如清洁能源、绿色建筑等，开发针对性的绿色金融产品，满足市场多元化需求。

2. 探索绿色金融与普惠金融的结合点，创新服务模式，支持小微企业和农村地区的绿色发展。

3. 加强与绿色金融国际组织的合作与交流，引进国际先进的绿色金融产品和服务模式，丰富我行的绿色金融产品体系。

四、强化绿色金融风险管理与防控

1. 结合绿色金融业务的特殊性，完善风险识别、评估、监控和处置机制，确保业务稳健发展。

2. 加强对绿色金融相关政策和市场动态的监测与分析，及时预警和应对潜在风险。

3. 强化绿色金融业务的合规性审查，确保业务开展符合国内外相关法规和标准。

五、推动绿色金融数字化转型与智能化发展

1. 利用大数据、人工智能等先进技术，提升绿色金融识别、风险评估、产品创新的精准度和效率。

2. 构建绿色金融数据平台，整合行内外绿色相关数据资源，为决策和业务发展提供有力支持。

3. 推动绿色金融服务的智能化升级，提升客户体验和服务质量，增强我行绿色金融服务的市场竞争力。

6.5 把引用写准，用AI规避疏漏

在公文写作中，准确、恰当的引用是增强文章权威性和说服力的关键。然而，引用的过程往往烦琐且容易出错，需要耗费大量时间和精力。AI 技术为我们提供了有力的支持，能够帮助我们更加精准地处理引用，规避潜在的疏漏。

6.5.1 严谨核实资料，AI 确保数据准确

引用资料是公文写作中不可或缺的一部分，其准确性直接关系到文章的质量和可信度，但准确核实资料并非易事。我们可以借助 AI 技术的优势来核实具体的参考资料。例如，在某市政府的一份政策文件中，需要引用关于城市人口增长的数据。为了确保数据的准确性，市政府利用 AI 技术对多个数据来源进行了智能比对和验证。AI 技术通过对比不同数据源的统计方法、时间节点和样本规模等因素，最终筛选出准确可靠的数据，为政策文件的制定提供了有力支撑。

案例6.4

写作者在DeepSeek中输入：核对一下文中数据，找出错误的地方。

珠穆朗玛峰位于东经80.9°、北纬20.9°，大约从800万年前开始，由于亚欧板块和印度洋板块的碰撞和挤压，喜马拉雅山在两大板块的挤压之下凸起，开始了地质学上的喜马拉雅造山运动。随着两大板块持续挤压，处于中心地带的珠穆朗玛峰同时受到两方面的力量，加之地壳出现大规模的变动，在褶皱不断抬升中形成。珠峰的山体呈巨型金字塔状，雪线高度北坡为8000米，南坡为10000米。东北山脊、东南山脊和西山山脊中间夹着北壁、东壁和西南壁三大陡壁，在这些山脊和峭壁之间又分布着548条大陆型冰川，总面积达1457.07平方千米。珠穆朗玛峰地区属于温带半干旱季风气候区，具有太阳辐射强、日照充足。气温日较差大、年较差小等特点。

DeepSeek：

1. 经纬度位置错误：珠穆朗玛峰的正确位置是东经86.9°、北纬27.9°。文中所给的东经80.9°、北纬20.9°是不准确的。

2. 雪线高度描述不准确：珠峰的雪线高度北坡通常在5800至6200米之间，而不是文中所述的8000米。南坡的雪线高度也远低于10000米。

6.5.2 恰当引用文献，AI规范引用格式

在公文写作中，文献的引用不仅是对他人研究成果的尊重，

也是展示作者学术素养的重要方面。但文献引用格式的规范性和一致性往往难以保证。以撰写学术论文为例，在写作过程中需要引用大量的文献资料。为了确保引用格式的规范性，我们可以利用豆包作为写作助手，帮助自动识别并规范化各种文献引用格式，如 APA 格式、MLA 格式、Chicago 格式等，协助提高论文的撰写效率和质量。

案例6.5

写作者在豆包中输入：核对一下文中论文引用格式。

[1] 何龄修 . 读顾诚《南明史》[J]. 中国史研究 ,1998(3):167−173.

[2] GB/T 16159—1996, 汉语拼音正词法基本规则 [S].

[3] 谢希德 . 创造学习的新思路 [N]. 人民日报 ,1998−12−25(10)[5] GB/T16159−1996, 汉语拼音正词法基本规则 [S].

豆包：经过核对，文中论文引用格式存在一些问题，特别是引用 [3] 部分混合了两个不同的引用。以下是修正后的论文引用格式。

[1] 何龄修 . 读顾诚《南明史》[J]. 中国史研究 , 1998(3): 167−173.

这个引用格式是正确的，遵循了标准的期刊文章引用格式。

[2] GB/T 16159—1996, 汉语拼音正词法基本规则 [S].

这个引用格式也是正确的，用于引用国家标准。

[3] 谢希德 . 创造学习的新思路 [N]. 人民日报 , 1998−12−25(10).

这个引用格式修正了原文中混合两个不同引用的错误，现在正确地引用了谢希德在《人民日报》上发表的文章。

注意，在修正后的引用格式中，我已经移除了重复的GB/T 16159—1996引用，并且确保每个引用都遵循了标准的格式规范。

6.5.3　避免抄袭剽窃，AI检测原创性

抄袭剽窃是公文写作中必须严格避免的行为，运用AI技术可以为我们提供一道有力的防线。以撰写一篇关于环境保护的报道为例，需要引用其他媒体的相关报道和观点。为了确保文章不侵犯他人的知识产权，可以利用DeepSeek作为抄袭检测工具。通过人工智能分析文章中的文本内容，与海量的网络信息进行比对，及时发现并提醒潜在的抄袭风险，可以有效地帮助我们避免潜在的法律纠纷。

案例6.6

写作者在DeepSeek中输入：请帮我检测下文是否涉及抄袭。

你的时间有限，所以不要为别人而活。不要被教条所限，不要活在别人的观念里。不要让别人的意见左右自己内心的声音。最重要的是，勇敢地去追随自己的心灵和直觉，只有自己的心灵和直觉才知道你自己的真实想法，其他一切都是次要的。

DeepSeek：

根据您提供的文本内容“你的时间有限，所以不要为别人而活。不要被教条所限，不要活在别人的观念里。不要让别人的意见左右自己内心的声音。最重要的是，勇敢地去追随自己的心灵和直觉，只有自己的心灵和直觉才知道你自己的真实想法，其他一

切都是次要的”这段话与乔布斯在斯坦福大学演讲中的经典段落高度相似。

乔布斯在斯坦福大学的演讲中确实说过这段话，这是他的原话，被广泛引用和传颂。如果您是在引用这段话，而没有注明出处，可能会让人误解为您是这段话的原创者，从而涉及抄袭。

为了避免抄袭的嫌疑，您在引用这段话时最好注明出处，例如：“正如乔布斯在斯坦福大学演讲中所说‘你的时间有限，所以不要为别人而活……其他一切都是次要的’。”这样既尊重了原创者，也遵循了学术规范和道德标准。

6.5.4 修正语法错误，AI 提升文字质量

语法错误是公文写作中常见的问题之一，不仅影响文章的整体美观度，还可能给读者带来理解上的困扰。以撰写一份关于城市规划的公文为例，由于时间紧迫，写作者未能仔细校对文章中的语法错误。在提交公文前，写作者运用豆包进行了语法修订，借助工具智能识别文章中的语法错误、拼写错误和标点符号使用不当等问题，有效提升了文字质量。

案例6.7

写作者在DeepSeek中输入：请帮我核准一下新闻稿件，防止与网上的新闻有重复的嫌疑。

以优质服务电“靓”夜经济　守护“烟火气”

“这个排插功率小，接几个大功率用电设备已经超过用电负荷，存在安全隐患，插座的线也要固定一下，确保用电安全……”

近日，×× 供电所网格经理走进 ×× 市各镇夜市开展用电检查及用电安全知识宣传。

夏末秋初，×× 市 ×× 镇夜市的“烟火气”却丝毫不减。夜幕降临、华灯初上，烤肉串、松毛豆腐、炸串等50多个摊位热度不减，大批游客和市民流连忘返、驻足品尝，将都市夜生活推向高潮。为保障夜市用电安全，×× 供电所主动担起“电力先行官”之责，用优质服务电亮“人间烟火”。

小摊位承载大民生。×× 供电所根据夜市用电特点，强化电力设施运维管理，增加供电线路特巡、测温次数，确保电网安全可靠运行。同时，台区网格经理定期深入夜市了解摊主用电需求、用电负荷，逐个摊位检查漏电保护器、电源插座、照明等用电设备，特别对移动式摊位、散乱的“地爬线”，及时处理其用电安全隐患。面对面开展安全用电宣传，发放安全用电宣传手册，制订“一户一策”用电方案，切实做到夜市摊位用电隐患排查无死角、用电安全有保障，满足商户照明、亮化、电炊具等用电需求，让美食夜市夜晚“亮”起来，人气“旺”起来，经济“火”起来，护航人间“烟火气”更浓。

“火把节期间，我这个烤肉串摊位因为负荷大，用电过程中开关经常跳，和你们反映后，你们及时给我更换了电缆和开关，我的生意才没有受影响呢，谢谢你们啊！”×× 小肉串夜市烧烤经营户 ×× 握着 ×× 供电所台区网格经理的手说道。

据了解，今年初以来 ×× 供电所先后出动 ×× 人次，对 ×× 市夜市街开展用电检查 ×× 次，及时处理用电安全隐患 ×× 处，发放安全用电宣传资料 ××× 余份。下一步，供电局将继续加大对夜市经营户的用电服务力度，定期对夜市开展隐患排查巡视，安全用电宣传，为“夜经济”提供可靠安全供电支撑。

DeepSeek：

您的新闻稿件内容主要描述了××供电所如何为××市的夜市提供优质的电力服务，确保夜市的用电安全，并助力夜经济的发展。从内容上看，这篇稿件是正面宣传供电所的工作，并强调了他们对夜市经济的支持和保障。

为了避免与网上的新闻重复，您可以采取以下措施。

1. 使用原创的内容：尽量使用您自己观察到的细节或采访得到的信息，而不是依赖于其他新闻报道。

2. 特定的地名和人名：如果可能的话，使用具体的地名、人名和数字，这样可以使您的报道更加独特。

3. 检查重复内容：在发布之前，可以在搜索引擎中输入稿件的关键句子，查看是否有完全相同的内容出现在其他新闻网站上。

4. 加入新的元素：例如，您可以采访夜市的商户或游客，了解他们对供电服务的感受和评价，这样可以为稿件增加新的内容和视角。

从目前提供的稿件来看，它似乎是基于某个具体的事件或活动编写的，而不是简单地复制其他新闻。但为了确保不与其他新闻重复，建议您还是按照上述建议进行检查和修改。

此外，稿件的最后一段提到了“供电局将继续加大对夜市经营户的用电服务力度……”，但前文主要提及的是“××供电所”。请确保在整篇稿件中使用的机构名称是一致的，避免造成读者的困惑。如果需要提到供电局，可以明确其与供电所的关系，或者统一使用其中一个名称。

第7章

找角度增加“新意”——妙用 AI 突重围

“新意”，顾名思义，就是新的想法和见解。新意是公文写作的质量增长点，是吸引读者注意力的关键。然而，新意并非凭空而来，它需要我们站在时代的前沿，用全新的视角审视问题，用独特的思维探索答案。在这个过程中，AI 技术的崛起为我们提供了一把开锁的钥匙，帮助我们突破传统写作的束缚，开拓全新的写作领域。

7.1 正面递进强调，用AI求“力透纸背”

公文每一字每一句都承载着沉甸甸的责任与期望。如何使这些文字不仅停留在表面，更能深入人心，达到“力透纸背”的效果，是每位公文写作者追求的目标。正面递进强调，不仅是一种写作技巧，更是一种思维方式。它要求我们从最基础、最核心的观点出发，层层递进，不断深入，直至触及问题的本质。这种写作方式能够确保公文内容逻辑严密、层次清晰，使读者在阅读的过程中逐步被吸引、被说服。然而，单纯地依赖传统的写作方法，有时很难达到我们期望的“力透纸背”的效果。AI 技术的出现为我们提供了新的可能性。依托强大的数据处理和分析能力，AI 写作工具能够帮助我们更加精准地把握公文的核心观点，为文章提供有力的论据支持。

7.1.1 逻辑严密逐层进，整体行文更流畅

人工智能的逻辑是机械思考的逻辑，虽有刻板的一面，但更多的是严谨的逻辑、顺畅的思维。AI 公文写作从开头布局到论证推进，都是一条思维线、一张逻辑网。

1. 起承转合逻辑清，公文论述有条理

公文写作的首要任务，在于构建一个清晰、严谨的逻辑框架。起承转合，是这一框架的基石。起，即开篇立意，明确公文的主旨与方向；承，即顺势展开，逐步深入，对主题进行翔实的阐述；转，即转换视角，从不同侧面或层次进行剖析，使论述更加全面；合，即总结观点，回应开篇，形成完整的论述闭环。在AI助力下，我们可以利用其强大的数据处理和逻辑分析能力，对公文内容进行精细化的梳理和打磨，确保逻辑链条的完整性和严密性。这样，公文不仅在形式上符合规范，更在逻辑上无懈可击，力透纸背，彰显深邃。

2. 层层递进增深度，观点鲜明更突出

公文写作的魅力在于其深度和厚度。在正面递进强调的写作策略下，我们需要层层递进，逐步深入，使公文内容不断深化，观点更加鲜明。AI 的引入，使得这一过程变得得心应手。基于 AI 的分析和推荐，我们可以更加精准地把握公文的核心观点，挖掘其内在的逻辑联系，从而实现层层递进的写作效果。这样，公文不仅观点鲜明，而且层次清晰，深度和厚度都得到了极大的提升。

3. 论证严密无漏洞，公文内容更充实

论证的严密性是公文质量的重要保证。在正面递进强调的写作过程中，我们需要确保每一个观点都有充分的论据支撑，每一个推理都合乎逻辑，避免出现漏洞和矛盾。AI 的引入，为我们提供了强大的论证助手。通过 AI 的数据挖掘和逻辑推理功能，我们可以更加全面地收集和分析相关信息，确保论据的充分性和准确性。

同时，AI 还可以帮助我们检查和修正逻辑错误，确保推理的严密性和合理性。这样，公文的内容更加充实，论证更加严密。

7.1.2 强调重点增力度，深入剖析更夺目

AI 强大的分析能力让大家有目共睹，这种分析能力体现在角度切入上，能够让公文主题更加突出、重点更加明了、剖析更加深刻。

1. 突出主题明要点，公文中心更明确

在公文写作中，突出主题、明确要点至关重要。这不仅是确保公文中心明确、重点突出的关键，也是提升公文说服力和影响力的基础。借助 AI 技术，我们可以对公文内容进行智能分析，快速准确地识别出主题和要点，从而确保公文在整体上紧扣中心思想，在细节上精准把握要点。这样，公文在呈现时就能更加鲜明地突出主题、明确要点，使读者一目了然、印象深刻。

2. 强调重点增力度，内容翔实更夺目

强调重点、增加力度是提升公文吸引力和说服力的有效手段。AI 技术可以对公文中的重点内容进行智能标注和推荐，使写作者能够更加方便地突出和强调这些内容。同时，AI 还可以根据公文的整体风格和语气自动调整重点内容的表述方式和力度，使公文在呈现时更加符合读者的阅读习惯和审美需求。这样，公文的内容不仅翔实有力，而且夺目吸睛，能够有效吸引读者注意力并提升其阅读体验。

3. 剖析深入见真章，公文价值更显著

深入剖析是公文写作中不可或缺的一环。通过深入剖析问题、

揭示本质规律、提出对策措施等，我们可以使公文的价值得到更加充分的体现。借助 AI 技术，我们可以对公文中的相关数据进行智能分析和挖掘，从而发现隐藏在数据背后的深层含义和规律。同时，AI 还可以根据公文的内容和目的，自动推荐相关的文献资料和案例分析，为写作者提供更加全面和深入的参考依据。

7.1.3　递进论证增深度，公文内涵更丰富

AI 是机器人思维，每一个思考步骤都是有理有序的，进而在公文的举例论证中，能够很好地避免跳跃思维、肤浅思考。

1. 由浅入深循序进，公文层次更分明

递进论证是一种有效的论证方法，它能够使公文内容由浅入深、层层递进，从而增强公文的说服力和深度。在公文写作中，我们可以借助 AI 技术来辅助递进论证的展开。通过 AI 的智能推荐和分析功能，我们可以更加精准地把握公文的核心观点和论据，从而更有针对性地展开论证。

2. 递进论证增深度，观点鲜明更突出

递进论证不仅能够增强公文的说服力，还能够使公文观点更加鲜明、突出。在公文写作中，我们可以通过 AI 技术来增加递进论证的深度和力度。AI 可以对公文中的观点进行智能分析和评估，帮助我们更加准确地把握写作的核心和要点。同时，AI 还可以提供丰富的数据和案例支持，使我们在递进论证中更有说服力。

3. 内涵丰富意蕴长，公文价值更提升

公文的价值不仅在于其表面的文字表述，更在于其内在的意

蕴和深度。通过递进论证的方式，我们可以使公文内涵更加丰富、意蕴更加深远。在AI助力下，我们可以更加深入地挖掘公文主题的内涵和外延，从多个角度和层面进行论证和阐述。这样，公文的内在意蕴将更加深厚、广博，公文的价值也因此得到更大的提升。

案例7.1

写作者在豆包中输入：请帮我调整以下文章结构，使内容起承转合、逻辑层层递进。

皂角树村讲解宣传

尊敬的各位领导、各位来宾：

大家好！我是今天的讲解员，非常荣幸能带领大家走进皂角树村，共同沐浴在新时代的阳光下。这里，有生态“绿”，有产业“金”，更有党旗“红”，它们绘就了美丽乡村的崭新画卷。

我们下车的地方就是5号红色旅游专线的目的地——皂角树村，大家脚下的这片土地有着600多年的历史，始建于明洪武年间，因村中一棵古老的大皂角树而得名。皂角树村包括皂角树、北张庄、邢庄三个自然村，共有7个村民小组，户籍人口众多，文化底蕴深厚。

在新中国成立前，皂角树村的村民们生活困苦，饱受地主和富农的剥削，他们只能依靠出卖劳动力来维持生计。那时的村庄，基调是灰暗的，生活是无望的，人民是无助的。直到1947年10月，陈赓、谢富治解放了皂角树村，实施了“减租减息”政策，大力发展农业生产，村民们的生活才逐渐得到改善。从那一刻起，希望的种子在这里萌芽、梦想的火炬在这里点燃。

而皂角树村最重要的一段历史，发生在1948年。那一年，刘伯承、邓小平带着中原局和晋冀鲁豫野战军司令部搬到了宝丰。5月9日，中共中央和中央军委决定加强中原局，重建中原军区，并将南征的晋冀鲁豫野战军改名为中原野战军。经过慎重选择，5月26日前后，中原军区暨中原野战军司令部进驻商酒务镇的北张庄村。这里，成为刘、邓、陈等首长指挥作战的核心区域，也成了中原地区的政治、军事、文化中心。

从5月到11月淮海战役开始，刘、邓、陈等首长在这里指挥着中原和华东两大野战军，在江淮河汉之间打响了宛西、宛东、开封、睢杞、襄樊、郑州等六大战役。此六大战役如同六把锋利的尖刀，直刺敌人的心脏，消灭了国民党军30多万人，摧毁了国民党在中原的防御体系，使中原各个解放区连成一片，为淮海战役的胜利奠定了坚实基础。那段时间，无数重大决策在这里书写历史，无数英勇将士从这里奔赴战场。

在那段激情燃烧的岁月里，皂角树村与中原野战军结下了不解之缘。村民们积极支援前线，为军队提供物资，军民一心，共同抗击国民党反动势力。许多感人至深的故事在这里发生。1948年盛夏的一天，皂角树村民徐小永在野战军战士董上士的配合下，赶着牛车前往大营一带的煤窑，为中原野战军驻军部队拉煤。在返回的途中，突遇山洪暴发，董上士和徐小永不幸牺牲，他们的英勇事迹至今仍在村里传颂。

除了军民鱼水情深的故事，皂角树村还见证了许多重要的历史事件。在司令部进驻期间，进行了土地改革，发布了《贯彻执行中共中央关于土改与整党工作的指示》(即“六六指示”)，极大地调动了农民的生产积极性，为解放战争的胜利奠定了坚实基础。还有一个故事也发生在1948年，陈毅同志在皂角树村工作时，其警卫员不慎打破房东王大爷的碗，陈坚持立即赔偿、强调军队纪律，亲自与警卫员前往杂货铺买碗归还，深刻反映了人民军队铁一般的纪律、军民关系铁一般地稳固。

如今，我们再次踏上这片土地，那些峥嵘岁月仿佛就在眼前。为了纪念这段历史、保护革命遗址，皂角树村做了大量工作。2016年，中共中央中原局暨中原军区宝丰旧址群被列为河南省文物保护单位；2019年5月，投资4600万元的中原军区暨中原野战军司令部展览馆建成，该展览馆占地30000多平方米，每年能接待30万名游客，红色历史在这里延绵赓续，红色基因在这里代代相传。

走进村子，大家可以看到许多与革命历史有关的景点和遗迹。中原军区司令部旧址、新华社中原总分社旧址等，每一处仿佛都回荡着冲锋的号声、浮现着先烈的身影。

除了红色文化，皂角树村还有独特的民俗文化和传统建筑。村里的建筑保留了中原地区的传统特色，青砖灰瓦的老屋、雕梁画栋的祠堂、错落有致的巷弄，古朴典雅，极具风格。近年来，皂角树村还以打造红色文化旅游胜地、建设生态宜居传统村落为目标，整治了村容村貌，改善了人居环境，建设了幸福院、文化广场等基础设施，让村民们的生活更加可期可盼、可触可感。

接下来，让我们一起去参观政治生活体验馆。这个体验馆是2023年建成并投入使用的，它是培训党员的教学联系点，目前已经组织周边县（市、区）党员培训10期2000余人次。

为打造“红色旅游”这张新时代名片，皂角树村积极与文旅公司、教育部门对接，开发了以中原军区暨中原野战军司令部旧址为核心的红色旅游研学路线。中原军区暨中原野战军司令部旧址研学基地于2018年8月建成并投入使用，占地2000多平方米，可以满足200多人同时参加培训的研学需求。基地通过参观、讲解、团建等方式，让家国情怀在这里滋润四方，让红色文化在人民心里生根发芽。

可以说，如今的皂角树村赶上了好时代，村民过上了好日子，我们将继续挖掘红色资源，优化红色旅游发展模式，提升红色文化教育功能。目前正与市委党校协商，计划将皂角树红色美丽村庄作为洛阳市党员干部培训示范点；申报爱国主题教育示范基地，与教育部门合作举办爱国主义教育培训班；利用司令部旁退役军人服务站的区位优势，丰富红色研学内涵，通过文旅结合带来更多收益。这些项目运营后，届时中原军区司令部旧址、政治生活体验馆、司令部餐厅等相互辉映，将形成以“司令部、政治馆、小民宿、大食堂”为核心的研学旅游“红色一条龙”，让皂角树村的红色名片更加闪亮。

精神的力量可以穿越时空，希望通过这次参观，大家能更加深入地了解皂角树村的历史与文化，感受红色基因的强大力量，感受老区人民坚韧不拔的奋斗精神，找到接续奋进的精神之魂、力量之源、行动之基。同时，也诚挚地期望大家能为我们提出宝贵的指导意见和建议，助力我们进一步挖掘红色资源、传承红色文化、推动乡村振兴。各位领导、各位来宾，今天的讲解就到这里。

再次感谢大家的到来！祝愿大家在皂角树村度过一段愉快而难忘的时光！

豆包：

皂角树村讲解宣传

尊敬的各位领导、各位来宾：

大家好！我是今天的讲解员，非常荣幸能带领大家走进皂角树村，共同沐浴在新时代的阳光下。这里，有生态“绿”，有产业“金”，更有党旗“红”，它们绘就了美丽乡村的崭新画卷。

我们下车的地方就是5号红色旅游专线的目的地——皂角树村，大家脚下的这片土地有着600多年的历史，始建于明洪武年间，因村中一棵古老的大皂角树而得名。皂角树村包括皂角树、北张庄、邢庄三个自然村，共有7个村民小组，户籍人口众多，文化底蕴深厚。

皂角树村因“树”而独特，更因“树”与革命结下不解之缘。1948年7月的一天，中原野战军司令部后勤人员的马车在浣河南岸陷入泥沼，幸被四棵棠梨树挡住，保住了车上物品。刘伯承司令员得知后，亲自带人培土加固树木，这四棵棠梨树，得到了军民团结、军政团结的爱心浇灌，至今仍春天开花，夏季结果。

如今映入大家眼帘的，是一排排崭新的村居、一条条宽阔的马路、一片片沁人的绿意，但你们可知，在新中国成立前，皂角树村的村民们饱受地主和富农的剥削，生活非常困苦，他们只能依靠出卖劳动力来维持生计。那时的村庄，基调是灰暗的，生活是无望的，人民是无助的。直到1947年10月，陈赓、谢富治解放了皂角树村，实施了“减租减息”政策，大力发展农业生产，村民们的生活才逐渐得到改善。那一刻起，希望的种子在这里萌芽、梦想的火炬在这里点燃。

而皂角树村不仅仅是“解放事业”的受益者，更是“解放战争”的贡献者。1948 年，刘伯承、邓小平带着中原局和晋冀鲁豫野战军司令部搬到了宝丰。5 月 9 日，中共中央和中央军委决定加强中原局，重建中原军区，并将南征的晋冀鲁豫野战军改名为中原野战军。经过慎重选择，5 月 26 日前后，中原军区暨中原野战军司令部进驻北张庄村。这里，成为刘、邓、陈等首长指挥作战的核心区域，也成了中原地区的政治、军事、文化中心。

由点到面，中心开花。从 5 月到 11 月淮海战役开始，刘、邓、陈等首长在这里指挥着中原和华东两大野战军，在江淮河汉之间打响了宛西、宛东、开封、睢杞、襄樊、郑州等六大战役。此六大战役如同六把锋利的尖刀，直刺敌人的心脏，消灭了国民党军 30 多万人，摧毁了国民党在中原的防御体系，使中原各个解放区连成一片，为淮海战役的胜利奠定了坚实基础。那段时间，无数重大决策在这里书写历史，无数英勇将士从这里奔赴战场。

“一切为了前线，一切为了胜利！”广大皂角树村儿女积极响应党的号召，竭尽全力，支援前线，创造了以分散、落后的农村经济支援大规模战略决战的奇迹，显示了人民战争的伟力。许多感人至深的故事在这里发生。1948 年盛夏的一天，皂角树村民徐小永在野战军战士董上士的配合下，赶着牛车前往大营一带的煤窑，为中原野战军驻军部队拉煤。在返回的途中，突遇山洪暴发，董上士和徐小永不幸牺牲，他们的英勇事迹至今仍在村里传颂。

在这里，红色文化是系统的、是多维的，红色血脉是扎根的，红色教育不仅与历史擦肩，更与历史拥抱，皂角树村见证了许多重要的历史事件。在司令部进驻期间，进行了土地改革，发布了“六六指示”，中原局宣传部发出《秋季公粮征收宣传纲要》。皂角树村积极响应号召，广泛宣传合理负担的基本原则和内容，村民们纷纷表示支持并主动缴纳公粮。在全村的共同努力下，秋征任务顺利完成，保证了军食军需和地方财政供给，也为开展“双减”运动打下了坚实基础。

1948年，新中国成立的“前夜”，是众多红色故事的富集年份。这一年，陈毅同志在皂角树村工作时，其警卫员不慎打破房东王大爷的碗，陈坚持立即赔偿、强调军队纪律，亲自与警卫员前往杂货铺买碗归还，深刻反映了人民军队铁一般的纪律、军民关系铁一般地稳固。

历史的峰回路转中，总有一些东西贯穿岁月、一脉相承。如今，我们再次踏上这片土地，那些峥嵘岁月仿佛就在眼前。为了纪念这段历史、保护革命遗址，皂角树村做了大量工作。2016年，中共中央中原局暨中原军区宝丰旧址群被列为河南省文物保护单位；2019年5月，投资4600万元的中原军区暨中原野战军司令部展览馆建成，该展览馆占地30000多平方米，每年能接待30万名游客，红色历史在这里延绵赓续，红色基因在这里代代相传。

走进村子，大家可以看到许多与革命历史有关的景点和遗迹。中原军区司令部旧址、新华社中原总分社旧址等，每一处仿佛都回荡着冲锋的号角、浮现着先烈的身影。

皂角树村见证了革命先辈艰难曲折、不屈不挠的求索历程。红色美丽村庄的建设，也体现了红色内涵，做到了既有温度又有深度。在这里，还有独特的民俗文化和传统建筑。村里的建筑保留了中原地区的传统特色，青砖灰瓦的老屋、雕梁画栋的祠堂、错落有致的巷弄，古朴典雅，极具风格。近年来，皂角树村还以打造红色文化旅游胜地、建设生态宜居传统村落为目标，整治了村容村貌，改善了人居环境，建设了幸福院、文化广场等基础设施，让村民们的生活更加可期可盼、可触可感。

接下来，让我们一起去参观政治生活体验馆。这个体验馆是2023年建成并投入使用的，它是培训党员的教学联系点，目前已经组织周边县（市、区）党员培训10期2000余人次。

历史是过去的现实，现实是未来的历史。为打造“红色旅游”这张新时代名片，皂角树村积极与文旅公司、教育部门对接，开发了以中原军区暨中原野战军司令部旧址为核心的红色旅游研学路线。中原军区暨中原野战军司令部旧址研学基地于2018年8月建成并投入使用，占地2000多平方米，可以满足200多人同时参加培训的研学需求。基地通过参观、讲解、团建等方式，让家国情怀在这里滋润四方，让红色文化在人民心里生根发芽。

可以说，如今的皂角树村既有光荣的过去，又有美好的现在，更有锦绣的未来，我们将继续挖掘红色资源，优化红色旅游发展模式，提升红色文化教育功能。目前正与市委党校协商，计划将皂角树红色美丽村庄作为洛阳市党员干部培训示范点；申报爱国主题教育示范基地，与教育部门合作举办爱国主义教育培训班；利用司令部旁退役军人服务站的区位优势，丰富红色研学内涵，通过文旅结合带来更多收益。这些项目运营后，届时中原军区司令部旧址、政治生活体验馆、司令部餐厅等相互辉映，将形成以“司令部、政治馆、小民宿、大食堂”为核心的研学旅游“红色一条龙”，让皂角树村的红色名片更加闪亮。

精神的力量可以穿越时空，希望通过这次参观，大家能更加深入地了解皂角树村的历史与文化，感受红色基因的强大力量，感受老区人民坚韧不拔的奋斗精神，找到接续奋进的精神之魂、力量之源、行动之基。同时，也诚挚地期望大家能为我们提出宝贵的指导意见和建议，助力我们进一步挖掘红色资源、传承红色文化、推动乡村振兴，一起让皂角树村“红”起来、“美”起来、“火”起来。各位领导、各位来宾，今天的讲解就到这里。

再次感谢大家的到来！祝愿大家在皂角树村度过一段愉快而难忘的时光！

7.2 反面对比举证，用AI破“镜花水月”

公文的理论深度往往需要通过严谨的逻辑和有力的论证来体现。而在这个过程中，反面对比举证作为一种有效的论证方法，能够帮助我们打破虚假表象，揭示事实真相，从而提升公文的理论深度。特别是在AI技术的加持下，反面对比举证得以更加精准、高效地应用，使得公文写作的理论深度得以进一步提升。

7.2.1 对比鲜明破虚浮，镜花水月无所遁

在现代公文写作中，我们时常会面临各种虚浮不实、模糊不清的言辞。这些言辞往往使公文内容变得难以令人信服。为了避免这种虚浮现象，我们可以运用反面对比举证的方法，通过对比鲜明

的事实和数据来揭示真相。

1. 对照事实驳谬误，虚浮言辞无处藏

对照事实是一种非常有效的驳斥谬误的方法。通过对比真实情况和对方所言，我们能够清晰地看到其中的矛盾和不一致之处，从而找出虚浮言辞。AI 通过自然语言处理等技术手段，能够快速分析文本内容，提取关键信息，并与事实数据进行比对。

2. 正反对比见真相，镜花水月不攻自破

除了对照事实之外，正反对比也是揭示真相的重要手段。通过对比正面案例和反面案例，我们能够更加清晰地看到问题的本质和真相。AI 能够快速搜集和整理大量相关数据和信息，并通过算法进行智能分析。这样一来，我们就能够更加全面、深入地了解问题的各个方面。

3. 鲜明对比增信力，公文论证更可信

在公文论证中，鲜明的对比不仅能够揭示真相，还能够增强说服力。通过对比不同的情况、数据或观点，我们能够更加清晰地阐述自己的观点和立场。这种对比方式不仅能够吸引读者的注意力，还能够让读者更容易接受我们的观点。AI 技术的应用使得这种鲜明对比的呈现方式更加生动形象，通过图表、图像等可视化手段，能够帮助我们更加直观地展示对比结果，从而使得公文论证更有说服力。

7.2.2　实证为基显真实，去伪存真更可信

每天海量的信息注入、资源共享，让 AI 成为巨大的信息容器、数据容器。

1. 实证数据为依据，去伪存真显真实

实证数据是公文写作中最有力的依据之一。通过收集和分析大量数据，我们能够更加客观地了解事实真相，从而去伪存真。AI通过数据挖掘和分析技术，能够帮助我们快速获取相关数据，并进行智能处理和分析。

2. 事实胜于雄辩，公文内容更可信

在公文写作中，事实往往比言辞更加有力。只有基于事实的观点和论证才能够让人信服。因此，在运用反面对比举证的方法时，我们必须坚持以事实为依据。这种基于事实的论证方式不仅能够增强公文的可信度，还能够提升公文的理论深度。

3. 实证支撑增信度，公文价值更提升

实证数据的支撑不仅能够揭示真相、增强说服力，还能够提升公文的价值。我们在公文中引用权威数据、专业机构的研究成果等实证材料，不仅能够让读者更加信任我们的观点，还能够让公文内容更具深度和广度。AI通过智能分析和推荐系统，帮助我们快速找到相关实证数据和研究成果，并为我们提供有力的数据支持。

7.2.3 反面衬托增锐气，公文论证更有力

在公文论证中，反面衬托是一种非常有效的论证方法。通过对比正面例子和反面例子，我们能够更加鲜明地阐述自己的观点和立场。

1. 反面案例为镜鉴，公文论证更警醒

反面案例是公文论证中的重要组成部分。通过分析和讨论反

面案例，能够揭示问题的严重性和危害性。AI 通过智能搜索和分析技术，能够帮助我们快速找到相关反面案例，提供全面的数据支持。这样一来，我们就能够更加深入地了解问题的本质和真相，在公文论证中更加有力地阐述自己的观点和立场。

2. 反面衬托显优势，公文观点更鲜明

反面衬托是公文论证中的一种重要策略。通过将正面例子与反面例子进行对比，能够更加鲜明地突出正面例子的优势和价值。AI 能够快速搜集和整理相关数据和案例，通过智能分析，为我们提供有力的对比支持，让公文观点更加鲜明、突出。

3. 锐气尽显驳谬误，公文论证更有力

在公文论证中，我们需要有坚定的立场和锐气来驳斥谬误和虚假现象。反面衬托作为一种有效的论证方法，能够帮助我们更加有力地驳斥谬误。通过对比正面例子和反面例子，我们能够清晰地揭示谬误的本质和危害性，从而让读者更加容易接受我们的观点。

案例7.2

写作者在豆包中输入：请帮我优化调整以下文章，运用反面对比举证，使得内容更具深度。

《韩诗外传》记载，孙叔敖任楚相后，一老者说：“爵位高的人，人们会嫉妒他；官大的人，君主会厌恶他；俸禄多的人，怨恨会集中于他。这就是‘三利三患’。”孙叔敖答：“我的爵位越高，心志越在下层；我的官越大，做事越小心谨慎；我的俸禄越多，对穷人布施越广泛。可以通过这种办法避免祸患吗？”老者说：“说得好啊！这种事连尧、舜都担心做不到呢。”从古至今，不少人在得到“三利”后却以权谋私，结果身败名裂；而孙叔敖能清醒从政，善始善终，值得钦佩。新时代党员干部要辩证待权，以如临深渊、如履薄冰的态度用好手中权力，确保自身走得正、走得稳、走得远。

古人讲，“畏则不敢肆而德以成，无畏则从其所欲而及于祸”。心有所畏方能言有所规、行有所止，无所畏惧就会任性纵欲、招致灾祸。纵观近年来查处的党员干部，有的跑找要送，拉关系、走门路、建圈子；有的以权谋私，看圈子、看票子、看门子；有的任人唯亲、搞裙带之风，到了寡廉鲜耻的地步。分析其根源就在于胆大妄为、为所欲为，心无所惧、信马由缰。敬畏不仅是畏惧，更多的是发自内心的敬仰与尊重。要敬畏组织，感恩组织的培养；要敬畏法纪，维护法纪的权威；要敬畏责任，捍卫责任的神圣；要敬畏人民，满怀人民的疾苦。应当自觉知红线、守底线、筑防线。

豆包：

《韩诗外传》中，孙叔敖身为楚相，面对老者所说的“三利三患”——爵位高则人妒，官大则君恶，俸禄多则怨恨聚，他机智地回应，表示会通过谦卑的心态、谨慎的行事和对穷人的慷慨布施来化解这些隐患。老者的赞许，将孙叔敖与尧、舜相提并论，凸显了其高尚品质。

反观现实，许多人在手握“三利”后，却选择以权谋私，最终身败名裂。他们与孙叔敖的清醒从政、善始善终形成鲜明对比。这种对比不仅揭示了人性的复杂，更凸显了孙叔敖的卓越品质。新时代的党员干部，应当从孙叔敖身上汲取智慧，辩证地对待手中的权力，如临深渊、如履薄冰，确保自己走得正、走得稳、走得远。

古人云：“畏则不敢肆而德以成，无畏则从其所欲而及于祸。”这句话深刻揭示了敬畏之心的重要性。无所畏惧的人往往任性纵欲，最终招致灾祸。近年来查处的党员干部案例，充分证明了这一点。他们胆大妄为、为所欲为，心无所惧、信马由缰，最终走上了违法犯罪的道路。

敬畏不仅仅是畏惧，更多的是发自内心的敬仰与尊重。新时代的党员干部应当敬畏组织、敬畏法纪、敬畏责任、敬畏人民。只有这样，他们才能自觉知红线、守底线、筑防线，不会在“月黑风高无人见”的自欺欺人中乱了心智，也不会在“你知我知天知地知”的花言巧语中迷了方向。他们会矢志不渝地做拒腐防变的典范，成为人民敬仰的模范。

7.3 侧面印证烘托，用AI借“东风之气”

在公文写作中，侧面印证烘托是一种重要策略，通常巧妙借助外部因素来增强公文的说服力和影响力。就如同东风为战船带来的助力，侧面印证烘托能够为公文增添磅礴气势，使其论述更加有力。本节将通过具体操作步骤，展示如何借助 AI 技术实现这一效果。

7.3.1 侧面支撑：构建公文可信度体系

侧面支撑通过引入相关证据或事实来增强公文的可信度，使读者更加容易接受公文中呈现的观点。侧面支撑能够增加公文的权威性。如何利用 AI 做好侧面支撑呢?

1. 筛选 AI 数据。输入公文主题关键词(如“绿色能源”),使用 AI 工具自动抓取权威机构最新报告。例如撰写环保类公文时,可调用联合国环境规划署 2023 年度报告中的碳排放数据。

2. 搭建证据链。利用 AI 思维导图工具生成关联图谱,将核心观点与支撑证据可视化连接。以某市拟写的《垃圾分类管理办法》为例,AI 可自动关联住建部政策文件、周边其他城市垃圾分类成效数据、本地试点小区数据构成三角印证。

3. 适配语言风格。人工调整 AI 输出,将一些僵硬的参数、重复的内容转化为适合政府公文表述的语句,保留原始数据,简化专业术语。

7.3.2 氛围烘托:提升公文感染力的四步操作

在公文写作中,烘托氛围和侧面强化是相互补充的两种手法。巧妙运用这两种手法,能够进一步增强公文的气势和说服力。如何利用 AI 烘托氛围呢?

1. 重构场景。在 AI 对话框中输入“用 200 字描述抗洪抢险现场,突出党员干部先锋模范作用,注意保持公文的严肃性”,生成初稿后人工优化。例如:“暴雨中,某镇党委书记带领党员突击队,用沙袋筑起 3 公里防线,确保 2 万名群众安全转移。”

2. 量化情感。挖掘 AI 工具的分析功能,检测公文中的情感倾向值。某市拟写的《致抗疫医护人员感谢信》经 AI 优化后,更好地贴近人民群众的所思所想,文字更加接地气、聚人气、冒热气。

3. 转化隐喻。输入“将产业升级比喻为自然现象,保持专业度”，AI 可能输出：“传统制造业转型如同春蚕破茧，需经历数字化的阵痛方能化蝶”。这样的表述有利有弊，要根据所在单位领导的风格和公文的实际应用场景进行修改完善。

4. 优化节奏。使用 AI 文本分析工具检测段落中的长短句比例，参照《政府工作报告》2∶1 的长短句黄金比例调整行文节奏。

7.3.3　印证强化：打造公文逻辑闭环

在公文写作中，印证旁证是一种重要方法，通过引入相关证据或事实来验证公文中呈现的观点，使公文内容更加真实可信。如何运用 AI 完成印证强化呢?

1. 多源校验。在 AI 工具中输入“验证新能源汽车补贴政策效果”，要求采集以下数据：①工信部数据；②第三方机构报告；③国际对标，自动生成校验矩阵。例如同步呈现财政部补贴数据、中汽研市场分析、先进地区电动车推广经验。

2. 举证反驳。部分 AI 具有辩论模式功能，可以输入“请列举反对加大社区养老投入的三种观点并逐一反驳”，提前准备应答预案。

3. 分析证据权重。参照世界银行报告分级标准（A 类：政府统计年鉴；B 类：权威智库；C 类：媒体报道），利用 AI 算法对各类证据进行可信度评分，可以让公文更有说服力。

案例7.3

写作者在 DeepSeek 中输入：“请帮我优化调整以下公文，运用侧面印证烘托提升公文论述的深度。

共产党员的誓词

“七一”前后，一些重温入党誓词的图片、文字报道常现报端。重温入党誓词是党员教育的重要仪式，也是推进“两学一做”学习教育常态化、制度化的有效方式，对于引导党员思想入党，增强党员意识具有现实意义，值得肯定。

然而，在个别单位，有的重温活动不够庄重，有的重温活动甚至只是为了配合拍摄。此类重温，不要也罢！涵养党性不仅要做到真心重温，还要坚持恒心常温。

常温方能熟记。熟记于心方能行有遵循，连誓词都不能牢记，何谈践行？著名艺术家阎肃曾说：“对党，我要感恩一生一世，更要回报一生一世。”有一次，电视台拍摄阎肃带领年轻同志宣誓的场景，有工作人员提前准备了提词器，可灯光一打，什么都看不清。但领誓人阎肃根本不需要提示，因为他早已把誓词记在心里。他的领誓准确流利，此情此景给年轻党员们上了生动的一课。

常温中当常问。12句话，句句千钧；80个字，字字珠玑。入党誓词是党对党员行为要求的“指南针”，也是党员对党立下承诺的“军令状”。仪式化重温具有集体效应，而常温则应是党员的日常行为。常温，才能真正从思想上入党，唤醒内心深处的党性自觉；常温，才能以誓词为镜，不断审视自我，掂量责任，强化担当。常温中应常问自己，对党是否敞亮透明？对党的忠诚度有多纯？身上还有多少共产党员的特质？

阎肃在接受采访时曾说：“党员没事就得多温习入党誓词，否则就容易犯错误。”反观那些犯错误的党员，多数是因为忘记了誓词，甚至违背了誓词。有些党员善于包装、伪装、化装，看似满嘴马列、走在前列，实则信仰出列，对组织不坦诚、对同志不真诚，过不了权力关、金钱关、美色关，早已把誓词抛之脑后。说到底，这是理想信念的“总开关”出了问题。

誓词在心，常温常新。仅仅是机械地背诵、抄写，难以“温”出党性之重，满足于及格就不算合格。唯有学思结合方能学之愈常、思之愈深；唯有带着信仰、带着感情、带着思索常温，方能温出初心、温出新意、温出深意。

越温习越热爱，越思考越敬畏，越感受越深沉。唯有让信仰满格、知行合一，方能知之愈明、行之愈笃。”

DeepSeek：

共产党员的誓词：重温、常温与践行

“七一”前后，党旗飘飘，重温入党誓词的声音在报端回响。这不仅仅是一种仪式，更是党员们对党的忠诚和信仰的坚定表达。然而，若这种重温仅停留在形式，而缺乏内心的真诚与坚持，则其意义便大打折扣。真正的党性涵养，需要党员们真心重温誓词，更需要他们恒心常温，使誓词的精神内化于心、外化于行。

誓词，不仅仅是一纸文字，它是党员行为的“指南针”，是党员对党的庄严承诺。正如著名艺术家阎肃所说，对党要感恩一生一世，回报一生一世。他在领誓时，无须提词器，因为誓词早已深深刻在他的心中。这种对誓词的熟悉与热爱，正是党员们应有的态度。

重温誓词，不仅要熟记于心，更要常问自我。每一句誓词，都是对党员行为的严格要求；每一个字，都承载着党的期望和重托。常温誓词，就是要时刻警醒自己，是否始终坚守党的信仰，是否始终忠诚于党的事业。阎肃在接受采访时曾说，党员应时常温习誓词，否则容易犯错误。这话说得深刻而警醒，那些忘记甚至违背誓词的党员，最终都走向了迷途。

然而，重温誓词并不仅仅是背诵和抄写，更重要的是要用心去感受、去思考。只有学思结合，才能真正理解誓词的深刻内涵，才能真正将其转化为自己的行动准则。带着信仰、带着感情、带着思索去常温誓词，才能温出初心、温出新意、温出深意。

越温习誓词，我们对党的热爱就越深；越思考誓词，我们对党的敬畏就越重；越感受誓词，我们对党的责任就越大。只有让信仰满格、知行合一，我们才能真正理解誓词的意义，才能真正做到知之愈明、行之愈笃。

在这个特殊的日子里，让我们再次重温入党誓词，让誓词的精神在我们心中生根发芽、开花结果。让我们以更加坚定的信仰、更加饱满的热情、更加务实的行动，为实现党的伟大事业而努力奋斗！

7.4　类比推理延伸，用AI增“排山之势”

从校园到职场，从作文到公文，排比的运用始终是增强写作能力的重要因素。在公文写作中，运用类比推理延伸、排比叠加论述，通过层级递进表述同一含义，可以让公文鞭辟入里、深入人心，更能够让读者感同身受。

7.4.1　类比启思拓思路，公文创新有途径

由于人受精神状态、工作阅历、能力素养等制约，从一个思维

点到另一个思维点，无法时时做到发散思维，AI 则可以帮助我们进行类比和拓展。

1. 类比思维拓思路，公文创新有灵感

类比思维，在公文的写作中，不仅是一种修辞手法，更是思维的跳跃，灵感的源泉。通过 AI 辅助类比，我们可以将看似不相关的概念、事物、情境进行有机联结，从而挖掘更深层次的意义和价值。类比思维能够拓展我们的思维边界，激发我们的创新意识，为公文写作注入新的活力与灵感。

2. 启思引路增智慧，公文论述更精彩

类比启思，能够更加深入地剖析问题，发现其内在的逻辑联系和规律，使公文的论述更加精准、深刻，使读者在阅读过程中能够获得更多的启示与思考。

3. 思路拓宽显活力，公文内容更丰富

类比思维的运用，能够拓宽我们的思路，使公文的内容更加丰富多彩。AI 工具将不同领域的知识、经验、案例进行有机融合，形成独特的论述视角和观点，使公文的内容更加充实、生动。

7.4.2　推理延伸增深度，公文论证更雄浑

思维的演进、逻辑的递进，是公文结构浑然一体的关键。公文的逻辑推理越来越受各级领导重视，AI 工具通过“线状”全渠道思考方式，为写作推理赋能。

1. 推理严密增深度，公文论证更雄浑

推理的严密性是公文论证的基石。类比推理作为一种逻辑推

理方式，其严密性能够增强公文的论证深度。通过运用 AI 类比推理，我们可以将已知的事实、规律、原理与待论证的观点进行有机结合，形成严密的论证链条。

2. 延伸思考拓视野，公文内容更广阔

类比推理不仅关注已知的事实和规律，更着眼于未知的可能性。通过延伸思考，可以将类比的范围扩展到更广阔的领域，挖掘出更多有价值的信息和观点，使公文内容更充实。

3. 深度拓展显智慧，公文价值更提升

类比推理的深度拓展，是公文价值提升的关键。通过深入挖掘类比对象之间的内在联系和规律，能够发现更多深层次的意义和价值。这种深度的拓展，不仅增强了公文的深度和厚度，还使得其观点更加独到、见解更加深刻。

7.4.3 排山倒海展气势，公文威力震乾坤

大家都想让自己的文章更加大开大合、举重若轻，但往往修辞不够、词汇不足，让文章泄了气、短了命，AI 通过系统分析整合，能够让文章气势有大的提升。

1. 气势磅礴震乾坤，公文威力显无穷

公文写作中，气势的营造至关重要。类比推理能够赋予公文磅礴的气势和无穷的威力。通过精心构思和语言组织，我们可以将类比推理的力量发挥到极致，使得公文气势如同巨浪般汹涌澎湃、势不可当。

2. 排山倒海展雄浑，公文论述更震撼

类比推理的排山倒海之势，使得公文的论述更加震撼人心。我

们可以运用 AI 工具的类比推理来构建宏大的论述框架和逻辑链条，使公文的内容更加丰富、逻辑更加严密。同时，通过精心打造语言节奏和句式变化，可以将类比推理的力量赋予公文论述，使公文形成震撼人心的论述效果。

3. 雄浑磅礴显底蕴，公文品质更卓越

类比推理所展现的雄浑磅礴之势，不仅能够彰显作者的深厚底蕴和广博知识，更能凸显公文的卓越品质。当 AI 工具的类比推理功能被巧妙地运用于公文写作时，它能够将复杂的概念和抽象的理论具象化、生动化，使得公文更易于被理解和接受。同时，类比推理的使用还能够为公文注入独特的个性和风格。

案例7.4

写作者在豆包中输入：请优化调整以下公文，运用类比推理、排比递进的方式，让文章更具可读性。

强化底线思维抓安全。纵观安全事故的发生，绝大多数都是从一些小问题、小错误慢慢积累而来，都有一个从量变到质变的过程。对此，要善于分析把握事故案件从小到大的规律，从“小苗头”中看到“大事故”，从蛛丝马迹中捕捉信息，在细心观察中掌握异情，在深入调查中掌握动向；要善于“未亡羊，先补牢”，少想“一万”、多想“万一”，切实把形势分析得严峻些、把事情预想得超前些、把应对措施准备得充分些；要善于“邻里失火，自查炉灶”，把“别人事”当成“自己事”，搞好“对号入座”、拿出“应对举措”，避开险路，少走弯路，从而抢占先机、立于主动、防患于未然。

豆包：

强化底线思维抓安全。纵观安全事故的发生，绝大多数都是从一些小问题、小错误慢慢积累而来，都有一个从量变到质变的过程。对此，要善于分析把握事故案件从小到大的规律，从“小苗头”中看到“大事故”，从蛛丝马迹中捕捉信息，在细心观察中掌握异情，在深入调查中掌握动向；要善于“未亡羊，先补牢”，少想“一万”、多想“万一”，切实把形势分析得严峻些、把事情预想得超前些、把应对措施准备得充分些；要善于“邻里失火，自查炉灶”，把“别人事”当成“自己事”，搞好“对号入座”、拿出“应对举措”，避开险路，少走弯路，从而抢占先机、立于主动、防患于未然。

坚守风险意识保稳定。审视社会稳定的维护，往往起始于一些细微的隐患、不起眼的冲突，它们共同构成了由平稳到动荡的渐变序列。对此，我们应当精通洞察社会稳定从微至著的演变规律，从“微恙”中预见“大风波”，从点滴迹象中寻觅端倪，在敏锐观察中捕捉异常，在全面调研中把握趋势；要能够“未雨绸缪”，减少乐观的“十拿九稳”，增加谨慎的“万一发生”，确保对形势的判断更为严峻、对问题的预估更为超前、对预防措施的准备更为周全；要擅长“他山之石，可以攻玉”，将“他处教训”转化为“本地经验”，精心“对号入座”，制订“应对预案”，规避风险点、减少失误点，从而掌握主动、保持平稳、防范风险。

深化前瞻思维促发展。观察经济社会的发展，不难发现其往往源自一些初步的理念、初步的实践，它们汇聚成由起步到繁荣的连续画卷。因此，我们必须学会洞察发展进程由初至盛的内在逻辑，从“小萌芽”中窥见“大繁荣”，从细微迹象中探寻机遇，在敏锐洞察中把握趋势，在深入研究中掌握动力；要有“先见之明”，减少短视的“眼前利益”，增加远见的“未来价值”，确保对机遇的把握更敏锐、对挑战的应对更及时、对发展策略的制定更科学；要擅长“借风扬帆”，将“他山之石”作为“发展之资”，精确“对号入座”，制定“发展蓝图”，避免盲目跟风，少走弯路，从而占据先机、引领发展、创造辉煌。

7.5 由点到面扩充，用AI强“源头活水”

在公文写作过程中，由点到面的扩充策略是提升内容深度和广度的重要手段。通过聚焦细节、拓展多元元素以及激发创新思维，我们可以汇聚成论点的海洋，让公文充满活力与生命力。在这一过程中，AI 技术的应用起到了很好的辅助作用。

7.5.1 聚焦细节之处，滴水汇成江海

在公文写作中，对细节的把握和处理往往决定了文章的质量和深度。AI 写作工具在细节处理上展现出巨大的潜力。

1. 微观洞察精髓，点滴之处见真章

AI 具有强大的数据分析和处理能力，能够从海量信息中筛选出关键细节，帮助写作者洞察事物的本质。这种微观层面的洞察能力，使得公文在点滴之处都能展现出深刻的思考和精准的把握。

2. 深度剖析细节，汇聚成智慧之海

AI 工具不仅能够识别公文的细节，还能对细节进行深度剖析

和挖掘，进而帮助写作者构建出全面而深入的分析框架。

3. 细节决定成败，积小胜为大胜

在公文写作中，细节的处理往往关系到文章的成败。AI 通过对细节的精准把握和处理，能够帮助写作者避免许多错误和疏漏，使得公文在细节上更加完善和精准，积小胜为大胜，最终呈现出一篇高质量的公文。

7.5.2 拓展多元元素，构筑丰满论述

在公文写作中，拓展多元元素是提升论述丰满度的重要手段。AI 技术的应用在这方面同样发挥着重要作用。

1. 多元素材融合，丰富论述内涵

AI 具有强大的信息整合能力，能够将不同来源、不同形式的信息进行融合和处理，为写作者提供丰富多样的素材资源。这些素材的融入使得公文在论述上更加全面和深入，丰富论述的内涵和外延。

2. 跨学科知识整合，拓宽论述视野

AI 具有广泛的知识储备和跨学科整合能力，能够将不同学科的知识进行融合和贯通，为写作者提供全新的视角和思考方式。这种跨学科的知识整合能力，使得公文在论述上能够跳出传统的框架和局限，拓宽论述的视野。

3. 融合多种风格，构建论述多维性

AI 具有强大的风格识别和模仿能力，能够模拟不同的写作风格和语言特点，为写作者提供多样化的表达方式。这种融合和模仿能力，让公文在论述上能够呈现出多维性和丰富性，增强公文

的表现力和吸引力。

7.5.3　激发创新思维，让公文灵动生辉

创新思维是公文写作的灵魂，也是提升公文质量和价值的关键。就公文写作而言，AI 技术在激发创新思维方面发挥着重要作用。

1. 跳出思维定式，探索未知领域

AI 具有强大的数据分析和预测能力，能够帮助写作者跳出传统的思维定式，发现新的思考角度和研究方向。通过对大量数据的分析和挖掘，AI 能够为写作者提供全新的灵感和启示，引导其探索未知领域和前沿话题。

2. 勇于挑战传统，激发创意火花

AI 具有敢于挑战传统的勇气和智慧，能够鼓励写作者突破传统的束缚和限制，尝试新的写作方式和表达方式。对传统的挑战和突破，能够激发写作者的创意火花和想象力，使公文在内容和形式的表达上更富有创意和个性。

3. 注入新鲜元素，让公文焕发新生

AI 具有强大的内容生成和创新能力，为公文注入新鲜的元素和活力。通过对新词汇、新句式、新观点的不断探索和应用，AI 可以使公文在语言和思想上更加鲜活生动。

案例7.5

写作者在智谱清言中输入：丰富完善以下公文，由点到面进行排版。

执行力是一个变量，不同的执行者做同样一件事情会得到不

同的结果。执行力不但因人而异，而且会因时而变。如果要想解决执行力的若干问题，就必须先剖析影响执行力的根源，然后再找到有效的方法，这样解决问题自然就会变得清楚、容易。

一、要着眼于“严”，积极进取，增强责任意识

责任心和进取心是做好一切工作的首要条件。责任心强弱，决定执行力度的大小；进取心高低，决定执行效果的好坏。综合部门的工作，烦琐且临时。面对一些零星的任务，如何在保证日常任务进程不被影响的情况下高质高效完成，责任心和进取心不容忽视。虽然我们日常工作对业务涉及较少，但万丈高楼平地起，必须树立起强烈的责任意识和进取精神，坚决克服不思进取、得过且过的心态。把工作标准调整到最高，把精神状态调整到最佳，把自我要求调整到最严，认认真真、尽心尽力、不折不扣地履行自己的职责，养成认真负责、追求卓越的良好习惯，绝不消极应付、敷衍塞责、推卸责任。

二、要着眼于“实”，脚踏实地，树立实干作风

天下大事必作于细，古今事业必成于实。虽然每个人分工各有不同，工作要求、工作标准各异，但我们要坚信路在脚下，只要埋头苦干、兢兢业业，就能干出一番事业。好高骛远、夸夸其谈，没有责任心，缺乏担当，结果终究是一事无成。结合我们工作而言，要提高执行力，就必须发扬严谨务实、勤勉刻苦的精神。不在一鸣惊人，而要细水长流，一件一件抓落实，一项一项抓成效，干一件成一件，积小胜为大胜。

三、要着眼于“快”，只争朝夕，提高工作效率

《华为执行力》一书中，我印象最深的是“狼性精神”。那么，

什么是公司的狼性精神呢？狼性精神是一种高效务实的行动力。公司能够快速响应市场变化，做出正确的决策，并立即行动，将计划落实到实际行动中。古人云：“明日复明日，明日何其多。我生待明日，万事成蹉跎。”华为公司通过“任务计划卡”“时间开销清单”，将任务可视化并规避时间管理不善的情况。而这样的工作方法，我认为对我们的工作极其有借鉴意义。要想在工作时间里完成同事、领导甚至集团交办的任务，那必须强化时间观念和效率意识，坚决克服工作懒散、办事拖拉的恶习。每项工作都要立足一个“早”字，落实一个“快”字，抓紧时机、加快节奏、提高效率。做任何事都要有效地进行时间管理，时刻把握工作进度，做到争分夺秒，赶前不赶后，养成雷厉风行、干净利落的良好习惯。

四、要着眼于“新”，开拓创新，改进工作方法

狼性精神还包括一种不断进取的精神。华为人时刻保持警觉，时刻保持对市场和竞争的敏感性、保持对客户需求的关注。如何在竞争日益激烈、变化日趋迅猛的今天，完成集团公司的目标？答案是提高执行力。而提高执行力就必须具备较强的改革精神和创新能力，坚决杜绝无所用心、生搬硬套的问题，充分发挥主观能动性，创造性地开展工作、执行指令。

智谱清言：

执行力：变量与优化策略

执行力，一个似乎简单却深藏玄机的概念，它如同一个变量，随着执行者的不同而呈现出千变万化的结果。这种变化不仅因人而异，更因时而异，使得执行力的提升成为一项复杂而系统的工程。为了深入探讨并解决执行力的问题，我们首先需要剖析其根

源，进而寻找有效的方法。

一、严谨与责任：执行力的基石

严谨的态度和强烈的责任感是提升执行力的基石。在日常工作中，我们时常面临各种琐碎且临时的任务，这些看似微不足道的工作却往往能反映出一个人的责任心和执行力。只有那些对工作认真负责、追求卓越的人，才能在保证日常任务不受影响的同时，高质量、高效率地完成这些任务。

我们必须树立起强烈的责任意识和进取精神，以最高的工作标准、最佳的精神状态和最严的自我要求来履行自己的职责。只有这样，我们才能克服消极应付、敷衍塞责的心态，养成认真负责、追求卓越的良好习惯。

二、务实与实干：执行力的体现

务实的精神和实干的作风是执行力的直接体现。无论我们的分工如何不同，工作要求如何各异，我们都应该坚信，路在脚下。只有脚踏实地、认真工作的人才能取得成功。那些好高骛远、夸夸其谈的人，由于缺乏责任心和担当精神，最终往往一事无成。

在我们的工作中，要提高执行力就必须发扬严谨务实、勤勉刻苦的精神。我们要注重细节、关注过程，从每一件小事做起，从每一个细节抓起。同时，我们还要保持对工作的热情和激情，以积极向上的态度去面对工作中的每一个挑战。只有这样，我们才能真正做到干一件成一件，积小胜为大胜。

三、效率与时间：执行力的加速器

高效的工作效率和合理的时间管理是提升执行力的关键。在竞争日益激烈的今天，时间就是金钱，效率就是生命。因此，我们必须强化时间观念和效率意识，坚决克服工作懒散、办事拖拉的恶习。

同时，我们还要学会有效地进行时间管理，合理安排自己的工作进度，并时刻把握工作进度。只有这样，我们才能做到争分夺秒、赶前不赶后，养成雷厉风行、干净利落的良好习惯。此外，我们还要注重团队协作和沟通配合，以提高整个团队的工作效率。

四、创新与改进：执行力的源泉

创新的精神和改进的意识是提升执行力的不竭源泉。在变化日趋迅猛的今天，要想在激烈的竞争中立于不败之地，就必须具有较强的改革精神和创新能力。我们不能满足于现状、故步自封，而应该时刻保持警觉和敏锐性，积极关注市场和客户需求的变化。

我们还要充分发挥主观能动性，创造性地开展工作、执行指令。在工作中遇到问题时，我们要敢于面对挑战、勇于尝试新方法新思路。只有这样，我们才能真正做到与时俱进、开拓创新，不断提高自己的执行力和综合素质。

第8章

把内容改出“层次”——智用 AI 提质量

“好文章是改出来的”，这句话深受材料写作者的认可。每一遍改稿都是对领导指示的再梳理、对工作总结的再凝练、对思路举措的再优化，饱含着材料写作者的心酸苦楚与智慧结晶。但有时稿子推来推去，经手人一个又一个，修改关一道又一道，看似没有差错，实则少了灵气，多了匠气；少了棱角，多了圆通，折磨着无数写稿人的日日夜夜。AI 写作工具的出现，使公文写作能够在口语表述、低级疏漏、思维卡点、乏味文风、陈旧事例等方面有所改善，让大家有更多的时间走出工作、有更多的心力走入生活。

8.1 收起你的口语表述，用AI精练语句

在公文写作中，精练语句的使用是展现作者专业素养和严谨态度的关键。然而，在日常写作中，我们往往不自觉地带入一些口语化的表述，这不仅影响公文的正式性和权威性，还可能给读者带来阅读上的困扰。因此，学会收起口语表述，想方设法精练语句，是公文写作者必须掌握的技能。

8.1.1 摒弃俚俗，规范公文用语

公文作为官方文书，其用语必须严谨、规范，避免使用俚语俗语、口语化的词汇。通过 AI 写作工具的智能分析，我们可以快速识别并替换掉文稿中的俚语俗语，确保公文用语规范、正式。

1. 深刻理解公文用语的规范性要求

公文用语不同于口语，它要求准确、简洁、明了。因此，我们在写作时应当充分利用 AI，摒弃那些随意、散漫的口语化表达，使用严谨、规范的书面语。

2. 充分利用AI工具的智能分析功能

AI工具能够通过自然语言处理技术对文稿进行深度分析，找出公文中的不规范用语。我们可以根据AI工具的提示，对文稿进行有针对性的修改，使其更加符合公文用语的规范性要求。

3. 注重日常积累和实践

公文用语的规范使用，需要我们在日常工作中不断积累和实践。以AI为助手，通过多读、多写、多改，我们可以逐渐掌握公文用语的精髓，提高公文写作的质量。

8.1.2　锤炼字句，提升文本精度

公文写作中，每一个字、每一个句子都承载着重要的信息，因此我们必须对字句进行精心锤炼，确保文本的精度和准确性。AI工具在这方面同样发挥着较好的作用。

1. 精准把握公文写作的核心要义

公文写作的目的是传达信息、解决问题，因此我们必须明确写作的目的和重点，紧紧围绕核心要义展开论述。通过AI工具的分析，我们可以更加准确地把握公文的核心要点，确保文本的针对性和有效性。

2. 注重字句的锤炼和打磨

公文写作要求语言精练、表达准确，因此我们必须对每一个字、每一个句子进行仔细推敲和打磨。AI工具可以帮助我们发现文稿中的冗余词汇和重复句式，并提出修改建议，使公文的表达更加精准、简洁。

3. 保持文本的逻辑性和连贯性

公文写作需要遵循一定的逻辑结构，以确保文本的连贯性和

一致性。AI 工具可以通过对文本的逻辑分析，帮助我们发现潜在的逻辑问题，并提出修改建议，使公文更易于理解。

8.1.3 删繁就简，呈现核心要义

公文写作常出现篇幅过长、内容烦琐的问题，这不仅会带来阅读上的不便，还可能掩盖公文的核心要义。广大公文写作者应学会利用 AI 工具，删繁就简，用精练的语言呈现文章的核心要义。

1. 明确公文的主题和重点

在写作之前，我们应当对公文的主题和重点进行深入思考，明确要传达的信息和要解决的问题。这样，在写作过程中如果充分发挥 AI 功能，我们就能更加有针对性地筛选和提炼信息，确保公文的精练性和针对性。

2. 运用 AI 工具进行文本优化

AI 工具可以通过自然语言处理技术，对文稿进行智能分析和优化。我们可以利用 AI 工具对文稿进行去重、合并、简化等操作，使文本更加简洁明了。

3. 注重实践和经验积累

删繁就简并非一蹴而就的技能，它需要我们在实践中不断摸索和积累。在 AI 的协助下，通过多读、多写、多改，我们可以逐渐掌握删繁就简的技巧和方法，提高公文写作的效率和质量。

案例8.1

写作者在豆包中输入：请帮我消除以下文章的口语化表述，运用公文化表达的方式，加上段落内的二级标题，形成一篇完整的

发言稿，字数 1200 字。

各位领导，各位专家，各位来宾，大家好！

我是 ×××，××× 公司的 ××。今天在这儿跟大家聊点啥呢？聊聊生态文明建设，聊聊碳中和，聊聊我们 ×× 的碳汇项目！

这生态文明建设啊，说白了就是咱们中华民族得以长久发展的根本，跟咱们老百姓的生活也是息息相关。碳中和这话题现在全球都热啊，就像咱们过年家家户户都得吃饺子一样，是个大事儿！碳汇项目呢，就像咱们炒菜得放油一样，是实现碳中和目标的关键步骤，特别有价值。

咱们得从宏观上看看这碳汇开发的背景。首先啊，这是跟着国际潮流走的必然之举。想想 1997 年的《京都议定书》，还有 2015 年的《巴黎协定》，都是要求减少温室气体排放，咱们中国作为大国，也得跟上啊。在 2030 年前实现二氧化碳排放达峰，2060 年达到碳中和。国务院也出了新政策，强调森林碳汇、林业碳汇和农业碳汇的重要性。

再说说近的，这碳汇开发也是咱们民族发展的紧迫需求。欧美那些发达国家早就完成财富积累了，咱们国家还在发展中，很多产业正在快速发展，排碳量也大。但咱们承诺在 30 年内完成碳中和，这就是大国担当啊！碳汇开发就是咱们弯道超车的关键。

那碳汇开发到底有啥好处呢？简单来说，就是能吸收大气中的二氧化碳，减缓全球气候变化，改善咱们的生态环境，还能带来经济效益，给相关行业创造就业机会，推动经济增长。

咱们 ×× 啊，林业资源特别丰富，是全国 ×× 碳汇开发试点之一。这优势可不是盖的，未来咱们可以通过发展碳汇项目，特别是森林和农业碳汇项目，给碳交易市场提供更多的碳交易量和碳中和价值。

××× 公司 ×× 作为韶关碳汇开发的重要一环，理应得打好这场碳汇攻坚战，为生态文明建设高质量发展出把力！

谢谢大家！

豆包：

各位领导，各位专家，各位来宾，大家好！

我是 ××× 公司 ×××。生态文明建设是关系中华民族永续发展的根本大计，是关系民生福祉的重大社会问题，碳中和作为全球环境治理的核心问题，成为人类构建自然与生命共同体的社会实践，而碳汇项目是我国碳中和目标的关键步骤，极具研究价值与社会价值。

为了宏观上更好掌握相关形势，首先，我从三个方位汇报碳汇开发的有关背景。向外看，这是顺应国际趋势的必然举措。早在 1997 年，在日本京都达成的全球性环境协议——《京都议定书》，要求工业国家在 2020 年前将温室气体排放降低到 1990 年水平的 95%，2015 年《巴黎协定》达成，承诺在 2050 年实现碳中和，我国作为世界大国、发展中国家，从碳汇着手完成碳中和目标是必然之举。向内看，这是落实习近平总书记指示的担当作为。习近平总书记曾宣布，我国将争取到 2030 年前实现二氧化碳排放达峰，到 2060 年达到碳中和。2024 年 1 月 25 日，国务院总理李强签署国务院令，《碳排放权交易管理暂行条例》公布，从国家层面上赋予森林碳汇、林业碳汇和农业碳汇艰巨重任。向远看，这是事关民族发展的紧迫需求。众所周知，欧美发达国家因为工业革命早就完成财富积累，碳达峰已经早早到来，而我们国家属于后发国家，很多产业仍在高速发展，正处于排碳量大增的阶段，承诺在30年内完成碳中和彰显了大国气魄、民族道义，从碳汇着手推进碳中和进程成为我们变道超车的必由之路。

此外，我着重汇报一下现阶段碳汇开发的重大价值。碳汇指的是能够吸收大气中二氧化碳的自然或人工系统，例如森林、湿地和海洋等。通过碳汇开发，一是减缓全球气候变化。随着工业化和城市化的快速发展，大量温室气体的排放导致全球气候变暖。通过种植树木、恢复湿地和开展森林管理等方式，可以吸收大气中的二氧化碳，减缓气候变化带来的影响。二是改善生态环境条件。建立碳汇项目有助于保护和恢复生态系统，增加植被覆盖率，净化空气和水质，维护生物多样性，从而改善生态环境。三是带来直接经济效益。发展碳汇项目可以为相关产业提供就业机会，推动农业、林业和生态旅游等产业的发展，促进经济增长。

××× 资源在全 ×× 是最丰富的，20×× 年 ××× 推进全国 ×× 资源碳汇开发，发文在 ××× 试点，其中 ××× 就是全国 ××× 试点之一。这一趋势下，作为一个富有优势的 ×× 资源和 ×× 资源的地区，未来可通过发展碳汇项目，为碳交易市场提供更多的碳交易量和碳中和价值。

8.2　克服你的低级疏漏，用AI校对文稿

在公文撰写过程中，即使是经验丰富的笔杆子也难免会出现一些疏漏和错误。这些看似微小的瑕疵，实则可能影响公文的传

达效果和整体形象。借助成熟的 AI 技术，我们能够轻松克服这些低级疏漏，使公文质量更上一层楼。

8.2.1 逐字审查，杜绝错字漏字

错别字是公文写作中的一大顽疾，文章出现错别字，这属于低级错误。错别字的产生，往往源于一时疏忽或是对字词的使用不准确。而 AI 技术的运用，就像为我们的文稿审查安上了一双火眼金睛。

1. 精准识别错别字

AI 校对工具通过深度学习和自然语言处理技术，能够精准识别出公文中的错别字，无论是形似字还是音近字，都难逃其法眼。这极大地提高了公文的准确性和规范性，让我们在文字表达上更加得心应手。

2. 提供修正建议

当 AI 校对工具发现错别字时，它不仅能够准确指出错误所在，还能提供修正建议，帮助我们在校对过程中迅速定位问题并进行修正，大大提高工作效率。

3. 预防未来错误

AI 校对工具还能够根据我们的写作习惯和常见错误进行智能分析和预测，从而帮助我们预防未来可能出现的错别字问题。这种预防性的校对方式，使我们的公文写作游刃有余。

8.2.2 逐句核验，防止语病产生

语病是公文写作中的另一大难题。它们如同语言中的绊脚石，

阻碍着信息的流畅传达。语病的产生往往源于表达不清、逻辑混乱或是语法错误。AI 校对工具则能够帮助我们逐句核验，防止语病的产生。

1. 检查语法错误

AI 校对工具通过语法分析技术，能够检查公文中的语法错误，包括主谓不一致、时态错误、词序不当等问题。这有助于我们纠正语法上的疏漏，使句子通顺流畅。

2. 优化表达方式

除了检查语法错误外，AI 校对工具还能够根据语境和语义分析，优化我们的表达方式，帮助我们选择合适的词汇和句式，使表述更加精准、生动。

AI 写作工具还可以帮助我们检查公文表述的准确性和规范性。AI 可以对公文进行语言分析，检查公文内容是否存在表述不清、用词不当等问题。若有问题，AI 能够及时指出并提供修改建议，以提高公文质量。

3. 增强逻辑严密性

公文写作应注重逻辑严密性，AI 校对工具则能够帮助我们检查句子之间的逻辑关系，确保段落之间衔接自然、逻辑清晰，提升公文的整体质量和说服力。

8.2.3　逐段校对，确保逻辑连贯

公文的逻辑连贯性是衡量其质量的重要标准之一。一份逻辑混乱的公文，即使文字再优美、数据再准确，也难以使人信服。公文写作应逐段校对公文，确保其逻辑连贯性。

1. 厘清段落思路

AI 校对工具能够帮助我们理清每个段落的思路，并明确段落之间的逻辑关系。这有助于我们构建清晰的框架，使公文的结构更加合理、层次更加分明。

2. 检查段落衔接

段落之间的衔接是确保逻辑连贯性的关键。AI 校对工具能够检查段落之间的过渡是否自然、连贯，是否存在突兀的转折或断裂，协助我们优化段落之间的衔接，使公文流畅易读。

3. 优化整体结构

在逐段校对的基础上，AI 校对工具还能够帮助我们优化公文的整体结构。它可以根据公文的主题和目的调整段落顺序和布局，使公文更加符合读者的阅读习惯和思维逻辑。

案例8.2

写作者在DeepSeek中输入：帮我找出以下文章中的错别字和语病。

××公司团租织书记公开竞聘公告

根据《×××公司中层管理人员管理办法》，为进一步加强××公司团租织体系建设，加大群团工作能效，落实基层团组织建设工作，经研究，现组织开展××公司二级公司团组织书记公开竞聘，具体事宜公告如下：

一、招聘岗位

二级公司团组织书记（二级公司部门副部长职级） 10 名

二、岗位职责

1. 贯彻执行××公司团委的指示和决策，根据实际情况和工作需要，制订具体的工作计划和措施；

2. 负责二级公司及所属单位团组织的组织建设与日常事务管理；

3. 负责二级公司及所属单位优秀青年员工的选拔培养、评价和推优；

4. 负责二级公司团组织的信息系统建设与传播工作；

5. 负责组织二级公司范围内以服务企业改革发展为目标的青年主题实践与教育活动；

6. 负责配合 ×× 公司开展共青团品牌建设；

7. 负责二级公司各类团组织创优的组织策划申报；

8. 负责二级公司团组织的对外事务联络；

9. 完成公司党委、团委交办的其他青年工作及活动。

三、任职资格要求

1. 中共党员或共青团员，具有过硬的政治素质，良好的职业操守和个人品行；

2. 具有大学本科及以上文化程度，1 年及以上工作经历或作为优秀见习生半年度提前转正；

3. 原则上年龄不超过 35 周岁；

4. 专业能力突出，热爱工作，具有较强的组织协调和沟通能力；

5. 在青年群体中有一定影响力，了解青年愿望和心声，能够正确反映青年意愿和利益诉求；

6. 原则上，参与竞聘人员应满足 ×× 公司《中层管理人员管理办法》中相应任职资格条件。遇特别优秀人才经所在单位推荐，可破格报名参加。

四、竞聘程序

1. 召开竞聘启动大会。

2. 竞聘者以PPT的形式做个人自述。自述提纲包括四大内容：个人工作经历及业绩；自身优势与不足；竞聘成功后的管理思路；突出管理思路及预期成效。限时8分钟。

3. 竞聘答辩。

4. 相关领导就岗位建设做总结讲话。

五、报名时间、方式

1. 报名时间：××××年××月××日—××月××日。

2. 报名方式：本次公开竞聘采用网上报名方式，应聘者可将相关材料通过OA平台发送至各二级公司人力资源部。

3. 有关要求：报名时需严格按顺序提供以下证明材料：《××公司公开竞聘报名表》(签字盖章版和电子版)，反映本人能力、业绩的各类获奖证书的电子版资料或复印件(使用A4纸张)，以及个人述职PPT(以本人姓名命名)。

DeepSeek：错别字和语病的修改如下。

错别字：

1. “团租织”应改为“团组织”。

2. “文化成都”应改为“文化程度”。

语病：

1. “加大群团工作能效”应改为“提升群团工作效能”。

2. “以服务起夜改革发展为目标的青年主题实践与教育活动”中的“起夜”应改为“企业”。

3. “热爱工作团组织”应改为“热爱团组织工作”。

4. “具有较强的组织协调和能力沟通”应改为“具有较强的组织协调和沟通能力”。

8.3　打通你的思维卡点，用AI厘清逻辑

思维的清晰与逻辑的严密是公文写作不可或缺的要素。然而，面对复杂的议题和繁多的信息，写作者往往会遇到思维卡点，导致逻辑混乱、条理不清。借助 AI 技术，我们可以有效地打通思维卡点，厘清逻辑脉络，使公文更加严谨、有力。

8.3.1　梳理脉络，构建清晰框架

在公文写作中，我们首先要做的是梳理文章脉络，构建清晰的写作框架。写作者高屋建瓴，应对公文的主题、内容、结构进行整体的把握。

AI 写作工具可以通过自然语言处理技术，对公文进行深度的文本分析，提取出关键信息和核心观点。帮助我们快速地了解公文的主要内容，为后续的框架构建打下基础。

AI 写作工具可以根据提取出的关键信息和核心观点，自动生成初步的框架建议，包括公文的段落划分、主题分布、论点安排等。通过这些建议，我们可以更加清晰地看到公文的逻辑结构，从而更好地进行后续的修改和完善。

AI 写作工具还可以根据我们的需求，对生成的框架进行灵活调整和优化。我们可以对框架进行个性化定制，使其更加符合我们的写作风格和读者的阅读习惯。

8.3.2 深化分析，明晰论述层次

在构建清晰框架的基础上，还需要进一步深化对公文内容的分析，明晰论述的层次。这需要我们深入挖掘公文的内在逻辑，确保每个论点都有充分的论据支撑，每个层次都有清晰的逻辑关系。

AI 写作工具可以对公文的论点进行提炼和分类。通过对公文的深度分析，AI 可以识别出主要论点和次要论点，并将其归类和整理。让我们能够更加清晰地看到公文的论述结构，为后续的分析和修改提供依据。

AI 写作工具可以提供与公文主题相关的数据和案例支持。在公文写作中，数据和案例是支撑论点的重要依据。AI 工具通过搜索和分析大量的相关资料，可以为我们提供与论点相关的数据和案例。这些数据和案例不仅可以增强论点的说服力，还可以使公文内容更加生动具体。

AI 写作工具可以帮助我们检查公文论述的连贯性和一致性。AI 可以对公文进行整体分析，检查各个段落、各个层次之间的逻辑关系是否紧密、连贯。如果发现存在逻辑上的断裂或矛盾，AI 会及时提醒我们进行修改和调整。

8.3.3 联结观点，形成完整论述

在深化分析公文内容的基础上，还要将各个观点联结起来，才能形成完整的论述。这需要我们注意观点之间的逻辑关系，确保它们能够相互支撑、相互补充，共同构成一个有机的整体。

AI 写作工具可以帮助我们梳理公文观点之间的逻辑关系。通

过对公文的深度分析，AI 可以识别出观点之间的内在联系和逻辑关系，帮助我们更加清晰地看到各个观点是如何相互关联、相互支持的，从而更好地进行后续的修改和完善。

AI 写作工具可以根据公文的具体内容和写作风格，提供合适的逻辑连接词和句式建议。在公文写作中，逻辑连接词和句式是表达逻辑关系的重要手段。而 AI 给的建议可以帮助我们更好地厘清观点之间的逻辑关系，使公文更加流畅、连贯。

案例8.3

写作者在天工中输入：帮我分析以下文章，请提供详细的优化行文逻辑的建议。

共产党员的“根”

2022 年秋冬，某镇镇政府栽种了近千棵香樟，以改变该镇“形象”。半年后，全部枯死的香樟被拔走，人们恍然大悟，那是一棵棵“无根树”。居民痛心不已：“突击栽树是为迎接视察，连根都没有，不死才怪。”

无根之殇，殇于形式主义。形式主义像刘伯温笔下的“柑子”，金玉其外，败絮其中。古有隋炀帝“缯帛缠树”，今有“无根树”“荒山刷绿漆”……不一而足。

“捣鬼有术，也有效，然而有限”，可为何总有一些人还是乐此不疲地“捣鬼”呢？原因不言而喻，盖因欺上瞒下之术“见效快”，能遮检查者之目、掩调研者之耳罢了。

一旦急功近利思想占了上风，捣鬼之术便花样迭出，对上敷衍、对下塞责的盆景工程、形象工程、数字游戏应运而生也就不足为奇。

以“形象”为名，行形式主义之实的“捣鬼”现象，必须根除。毛泽东曾尖锐地指出：“形式主义是一种幼稚的、低级的、庸俗的、不用脑筋的东西。”其实，形式主义也是一种“技术含量”不高的小把戏，为何在一些单位却屡试不爽？基层“涂脂抹粉式”的迎检不对，上级“走马观花式”的检查调研也有责。正是上级“无根检查”多了，才有了“无根树”。

拔掉“无根树”容易，消除形式主义却非一日之功。因此，不妨把功夫下在“打基础、利长远”上，素颜迎检，“你查你的，我练我的”，不怕查、查不怕、怕不查，一门心思谋求战斗力的提升。

群众是社会建设的根。无根，怎么走群众路线？说到这里，笔者想起两个故事：第一个是，有一年，邓小平视察沼气建设。看到柴灶改成了沼气灶，他高兴地问：“烧锅开水要多久？”农民说：“半个钟头。”他又追问：“能不能炒腰花？”因为腰花须爆炒才能熟。能炒腰花，沼气建设当然就实用。第二个是，某单位向督导组汇报成果，说有一领导十年来找部下谈心多达3268次。督导组的同志反问：“这个数字是怎么统计出来的？”汇报者一脸尴尬，半天说不清楚。

下基层调研、检查时，不妨学学他们，打破砂锅、敢较真、敢追问、敢问责，“无根树”现象何愁不被发现？“面子工程”的“面子”何愁不被撕下？

天工：

共产党员的“根”

这篇文章主要讲述了形式主义在工程建设过程中的一些问题。文章开头通过一个栽植无根树的故事，引出了形式主义所带来的问题，并指出形式主义需要根治。接着作者指出形式主义与捣鬼现象的原因和表现，并呼吁消除形式主义现象。最后，文章通过两个故事，阐述了对形式主义问题的深刻思考，强调下基层调研、检查的重要性。

建议优化脉络：

1. 段落逻辑清晰：文章的段落可以更清晰地划分，每个部分的内容可以更具连贯性，展现出明确的逻辑结构。

2. 引言突出核心问题：在引言中突出主题，引出全文主题。可以通过明确的引言引出根治形式主义问题，并指出其重要性。

3. 论证论点：在论点的论证上更加清晰和有力。可以通过举例等方式，有力地展示形式主义的实际问题，提出解决问题的可行方案。

4. 呼应主题：在提出具体解决方法时，可以与文章的开篇故事和论证相呼应，加强文章的积极性和主题性。

5. 通过故事表达观点：将故事嵌入文章可以更生动地表达观点，但在讲述时要有条理，突出故事中所蕴含的问题和解决方案。

6. 逻辑过渡：在文章的结构和段落之间，需要更好地进行逻辑过渡，使得整篇文章具有更强的连贯性和阐述力。

综上所述，建议逻辑脉络更加清晰、明了和连贯，突出提出问题、解决问题的可行方案以及鼓励读者积极参与的思想。这样可以让文章更加具有说服力和感染力。

8.4 改变你的乏味文风，用AI增强趣味

在公文写作中，乏味的文风往往会让读者失去阅读兴趣，影响信息的有效传达。如何改变文风，使公文生动有趣，成为我们亟待解决的问题。AI 技术的引入，为我们提供了一种新的解决思路。

8.4.1 引入案例，增强文本生动性

案例的运用使公文有了“实”的效果，以人见事、以事见人。如何选择好的案例、运用对的手法？ AI 回答了这个问题。

1. 选择典型案例，突出实际效果

典型案例具有代表性和说服力，能够生动地展现问题或成果。AI 技术可以帮助我们快速筛选和整理相关案例，将其融入公文，使公文内容更加具体、生动。例如，在撰写工作总结时，我们可以引入一系列典型的成功案例，详细描述这些案例的实施过程和取得的成效，以增强文本的生动性和说服力。

2. 运用对比手法，展现优劣变化

对比是增强文本生动性的有效手段。通过对比不同情况、不同数据或不同结果，可以更加直观地展现事物的优劣变化。AI 技术可以帮助我们快速提取和分析案例与数据，生成对比图表或文字描述，使公文中的对比更加鲜明、有力。

3. 注重细节描写，还原真实场景

细节描写是增强文本生动性的关键。通过对案例细节的刻画和描述，可以让读者更加深入地了解事情的经过和人物的内心世界。

AI 技术可以协助我们深入挖掘和整理案例细节信息，将其融入公文，使文章内容更加丰富多彩、引人入胜。

8.4.2　创新表达，提升阅读吸引力

近些年，各级都在提创新意识、有解思维，要求公文写作者具备良好的创新表达能力。AI 的引入，能够产生三个方面的积极作用。

1. 采用新颖词汇，丰富语言色彩

公文写作中，使用新颖、生动的词汇可以打破常规，提升文本的吸引力。AI 写作工具可以筛选和推荐一些新颖、贴切的词汇，使公文的语言更加丰富多彩。

2. 运用修辞手法，增强语言美感

修辞手法是提升文本美感的重要手段。写作时通过使用比喻、拟人、夸张等修辞手法，可以使公文的语言更加生动、形象。AI 工具可以协助我们识别和运用这些修辞手法，使公文更具艺术性和感染力。

3. 采用多样化句式，避免单调乏味

多样化的句式可以使公文更加灵动、有趣。通过长短句结合、主被动转换等方式，可以改变单调乏味的文风，提升文本的阅读体验。AI 技术可以帮助我们分析和调整句式结构，使公文更加流畅、自然。

8.4.3　融入情感，激发读者共鸣

乏味的公文无法引起读者共鸣。如何正确表达情感、传递人文

理念，是公文创作不得不思考的问题。在这方面，AI 写作工具能够助我们一臂之力。

1. 表达积极情感，传递正能量

公文写作中，积极情感的表达可以激发读者的共鸣和认同感。使用正面、积极的词汇和表达方式，可以传递出积极向上的工作、生活态度和精神风貌。AI 写作工具可以识别并调整情感表达方式，使公文更具感染力和凝聚力。

2. 关注读者需求，增强互动体验

公文写作不仅要关注内容的传达，还要关注读者的需求和感受。通过了解读者的阅读习惯和兴趣点，我们可以更有针对性地调整公文的内容和形式，增强与读者的互动。AI 写作工具可以帮助我们分析读者的反馈和需求，为公文写作提供更有针对性的建议和指导。

3. 融入人文关怀，彰显社会责任感

公文不仅是传达信息的工具，还是体现社会责任感和人文关怀的重要载体。通过关注社会热点、民生问题，我们可以将人文关怀融入公文，彰显我们的社会责任感和担当精神。AI 写作工具可以帮助我们收集和整理相关信息，为公文创作体现人文关怀提供有力支撑。

案例8.4

写作者在豆包中输入：请帮我转变以下讲话稿的文风，增强文章的生动性和吸引力，但不要改变公文的定位。

一要提高认识，充分领会 ××× 工作的重要性。当前，

×××工作在我市已经开创了很好的局面，获得了不小的成绩。同时，也要清醒地看到，×××工作在×××方面还有进一步提升的空间，×××工作还需要从深度和广度上进一步推进。各级领导要站在全局和战略高度，充分认识开展×××工作的重要意义，切实把思想和行动统一到市委的部署要求上来，进一步增强责任感和使命感，努力形成上下“各负其责、齐抓共管”的良好局面，更加自觉主动地做好×××工作。

二要加强落实，确保各项工作任务落到实处。要加强领导，明确责任，认真对照相关要求，把目标任务分解到部门、具体到项目、落实到岗位、量化到个人，真正做到以责任促落实，以责任促成效，形成一级抓一级、层层抓落实的工作局面。目前，有个别同志、个别部门存在一些很不好的现象，即热衷于搞形式主义，以会议落实会议，用文件传达文件。当然，适当的会议、文件是必要的，但光讲空话、打官腔，是远远不够的，只有扎扎实实推动×××工作的深入开展，抓出实效，抓出成绩，才能确保圆满完成今年的目标任务。

三要完善制度，建立健全×××工作的长效机制。要以制度化建设为抓手，建立完善×××工作的长效工作机制和活动运行机制，以科学管用的制度保障×××工作常态化发展。要注重集思广益，科学周密地制定×××工作的相关制度，要做到相互衔接、系统配套，形成有机整体，增强制度的系统性；既重视研究制定实体性制度，又注重研究制定程序性制度，增强制度的可操作性。要坚持抓落实原则，处理好建立和执行的关系。再好的制度规定，不执行，只能是“说在嘴上、写在纸上、贴在墙上”的东西。要把制度的执行作为长效机制建设的重要内容，在建立制度的同时，同步制定切实可行的实施办法，保证制度的落实，并长期发挥作用。

四要加强宣传，营造支持 ××× 工作的浓厚氛围。要紧紧围绕 ××× 目标，进一步深化巩固 ××× 工作的大好局面，要整合各方力量，对 ××× 工作进行全过程、全方位、多层次的深入宣传，重点宣传 ××× 工作的重要意义和工作目标，市委关于 ××× 工作的总体部署和重要举措，全市 ××× 工作的新成绩和新亮点，不断提高广大市民对 ××× 工作的知晓率、满意率和支持率，努力营造浓厚氛围，为 ××× 工作提供强大的思想保证和舆论支持。

同志们，××× 工作事关全市工作大局，是我们责无旁贷的重要使命。希望大家按照既定的目标和确定的措施，一件件抓细化、一项项抓落实，努力为开创 ××× 工作的新局面作出应有贡献。

谢谢各位。

豆包：

首先，我们要站在时代的潮头，深刻认识 ××× 工作的重要性。如今，我市 ××× 工作正如一艘巨轮，在波澜壮阔的大海中乘风破浪，取得了令人瞩目的成绩。然而，前方的航程依然充满挑战，我们需要继续拓宽视野，不断提升 ××× 工作的水平。各级领导要站在全局和战略的高度，像舵手一样，引领我们的巨轮朝着正确的方向前进，将思想和行动统一到市委的部署要求上来，形成众志成城、齐心协力的良好局面。

其次，我们要以钉钉子精神，将 ××× 工作的各项任务落到实处。我们要加强领导，明确责任，像拆解拼图一样，将目标任务细化到每个部门、每个项目、每个岗位、每个人，确保每个环节都紧密相连，形成一级抓一级、层层抓落实的工作格局。我们要摒弃那些形式主义的做法，不再让会议和文件成为空洞的摆设，而是要以实实在在的行动，推动 ××× 工作的深入开展，确保每一项任务都能落地生根、开花结果。

再次，我们要以制度建设为基石，为 ××× 工作搭建起稳固的长效机制。我们要像建筑师一样，精心设计和构建 ××× 工作的制度体系，确保每个制度都科学管用、相互衔接、系统配套。我们既要注重实体性制度的制定，又要关注程序性制度的完善，让制度既有骨架又有血肉。同时，我们要坚持抓落实原则，让制度不再是纸上谈兵，而是成为推动工作的有力武器。我们要在建立制度的同时，制定切实可行的实施办法，确保制度能够落地生根、长期发挥作用。

最后，我们要加强宣传，为 ××× 工作营造浓厚的氛围。我们要像画家一样，用生动的笔触描绘出 ××× 工作的美好蓝图，让广大市民了解、支持并参与到 ××× 工作中来。我们要整合各方力量，对 ××× 工作进行全过程、全方位、多层次的深入宣传，让 ××× 工作的重要性、目标和工作成果深入人心。我们要不断提高市民对 ××× 工作的知晓率、满意率和支持率，为 ××× 工作提供强大的思想保证和舆论支持。

同志们，××× 工作关乎我市发展大局，是我们共同的责任和使命。让我们携手并进，以饱满的热情和坚定的信念，推动 ××× 工作不断向前发展。让我们共同期待并努力开创 ××× 工作的新局面，为全市的繁荣发展贡献我们的智慧和力量。

谢谢大家！

8.5 更新你的陈旧事例，用AI跟上时代

高质量发展时代，对公文的写作要求也越来越高，因而公文写作中的事例选择尤为重要。陈旧的事例不仅无法体现时代特色，还可能影响公文的时效性和说服力。借助 AI 写作工具更新陈旧事例，使公文紧跟时代步伐，成为提升公文质量的重要法宝。

8.5.1 搜集新料，反映时代变迁

随着经济社会的快速发展，各行各业都在发生深刻变化。公文作为传递信息、表达观点的重要载体，必须紧跟时代步伐，及时反映这些变化。AI 工具能够帮助我们快速搜集最新资料，更新公文中的陈旧事例。

1. 关注时事热点，把握时代脉搏

AI 工具通过分析各大新闻网站、社交媒体等平台的信息，快速捕捉时事热点，为我们提供丰富的新颖事例。例如，在撰写关于经济发展的公文时，可以引入最新发布的经济数据、政策动向等，体现时代特色。

2. 挖掘行业动态，展示发展成果

AI 写作工具可以对特定行业进行深度分析，挖掘出最新的行业动态、技术创新等信息。这些信息可以作为公文中的事例，展示行业的发展成果，增强公文的说服力。

3. 整合多元数据，丰富事例内涵

AI 写作工具可以整合多种来源的数据，形成全面的信息视图。在公文写作中，我们可以利用这些数据来丰富事例的内涵，对论

述进行佐证。例如，在介绍某项政策实施效果时，可以引用多个地区、多个行业的数据进行对比分析，以体现政策的广泛影响。

8.5.2　替换旧例，贴合现实需求

陈旧的事例往往无法准确反映现实情况，甚至可能误导读者。因此，在公文写作中，我们需要及时替换那些已经过时的事例，力求文本具有时效性。

1. 对比新旧事例，凸显变化趋势

通过对比新旧事例，我们可以清晰地看到事物的发展变化。在公文中，我们可以运用这种对比来凸显事物变化及其发展趋势，使读者直观地感受变化的力量。

2. 结合实际情况，调整事例选择

不同时期的公文有着不同的写作背景和现实需求。因此，在选择事例时，我们需要结合实际情况进行调整。AI 写作工具可以帮助我们分析不同时期的公文特点和需求，从而提供更加合适的事例。

3. 注重事例的真实性和可信度

在替换旧例的过程中，需要确保新的事例具有真实性和可信度。AI 工具通过对海量数据的分析和筛选，为我们提供经过验证的事例素材，确保公文的准确性和权威性。

8.5.3　融入新知，展现发展动态

随着科技的进步和知识的更新，新的理论、观点和技术不断涌现。在公文写作中，我们需要积极融入这些新知，以展现时代发展动态和前沿思考。

1. 学习新理论，拓宽写作视野

新的理论往往能够为我们提供新的思考角度和解决问题的方法。在公文写作中，我们可以学习并引用这些新理论，以拓宽写作视野、提升文章深度。

2. 关注新技术，体现时代特色

新技术的出现往往代表着时代的进步和发展方向。在公文中，我们可以适当引入新技术使用的事例，以体现时代特色和创新精神。

3. 总结新经验，提供实践指导

实践中积累的新经验往往具有宝贵的参考价值。在公文写作中，我们可以总结并分享这些新经验，为实际工作提供有益的指导和借鉴。

案例8.5

写作者在DeepSeek中输入：请帮我用最近发生的典型案例替换一下文中的陈旧案例。

热播电视剧《人民的名义》中，易学习、李达康和王大路当年同在金山县委班子，都有带领120万名金山百姓脱贫致富的政治抱负。集资修路出现事故后，县委书记易学习和副县长王大路决定替李达康承担责任，为的是保住想干事且能干事的李达康，让他继续为金山的老百姓服务。王大路因此引咎辞职，下海创业，李达康也是倾囊相助。后王大路创业成功，要给李达康股权，并赠予别墅一套，李达康坚辞不受。仕途上顺水顺风的李达康也一直坚守党性底线，从未给王大路开过任何后门。在对待公与私的问题上，电视剧主角之一、汉东省委书记沙瑞金说，要把党性和私情分开。

剧中，祁同伟恰是这样的反面典型。他当上公安厅厅长后，不讲党性原则，把老家的七大姑八大姨全安排进公安政法系统，甚至“村里的野狗也要弄成警犬，吃上一份皇粮”。他最终为党纪国法所不容，为群众百姓所不齿，落了个悲凉凄惨的下场。

公私分明、循公废私是中国传统文化的固有内涵，更是自古以来品行高洁之士的精神追求。《后汉书・苏章传》记载：苏章在担任冀州刺史时，有个老朋友在其手下担任清河太守。有一天，太守得知苏章要审理其腐败问题，就宴请苏章，一再陈述往日旧情，一时间其乐融融。太守喜曰：“人皆有一天，我独有二天。”言外之意是，他把苏章当成自己的政治靠山。苏章回道：“今日我与你故人叙旧，是私人关系；明日我是冀州刺史，办案要依法公办。”第二天，公堂之上便将太守依律治罪，留下了“不敢以私废公”的千古佳话。

我们党是全心全意为人民服务的执政党，人民的利益高于一切，把党性和私情分开应是每位共产党员的追求与准则。正是因为一代代共产党人公私分明、坚守公私界线，才在处理党性和私情的“考场”上拿到高分，不仅能“取得天下”，更能“治好天下”。反观当前，把党性和私情分开，在一些地区、一些单位却做得不尽如人意，这是近些年很多官员失足落马的一个重要原因。

DeepSeek：

近期，一部名为《山海情》的电视剧引发了广泛关注。在剧中，马得福、凌一农等基层干部决心带领闽宁镇百姓摆脱贫困，走向富裕。其中，为了建设水渠以改善当地农业条件，村民们集资出力，然而在施工过程中出现了意外。面对困难，马得福决定承担责任，保护那些真正为村子付出、想干事能干事的干部和村民，让他们能够继续为闽宁镇的发展贡献力量。凌一农等专家也倾囊相授，助力当地农业发展。他们坚守初心，不为个人利益所动，一心只为百姓谋福利。

然而，与这些正面角色形成鲜明对比的，是现实中出现的某些反面典型。例如，某地区一位曾担任要职的官员，在其任期内，利用职权为亲友谋取私利，将亲属安排到关键岗位，甚至将公共资源当作私人财产进行挥霍。这种将党性和私情混为一谈的行为，最终导致他落马，成为人民群众眼中的反面教材。

公私分明、循公废私作为中华优秀传统文化的体现，也是现代社会中每个人应当秉持的原则。就如同历史上那位清正廉洁的官员，他在处理公务时，始终坚守原则，不受私情影响。即使是面对亲朋好友的请托，他也能坚守底线，公正无私地处理每一件事情。

我们党作为执政党，始终坚持以人民为中心的发展思想，坚决反对任何形式的腐败和特权。把党性和私情分开，是每个共产党员应当遵循的基本准则。正是因为有了这样一批批公私分明、坚守原则的共产党员，我们才能在各种考验面前保持清醒的头脑，不断推动党和人民事业的发展。

然而，我们也必须清醒地看到，当前在一些地区和单位，仍然存在着党性和私情界限模糊的问题。这是导致一些官员失足落马的重要原因之一。因此，我们必须进一步加强党性教育，提高党员干部的思想政治素质，确保他们在任何情况下都能坚守党性原则，不为私情所动。只有这样，我们才能真正赢得人民群众的信任和拥护，为实现中华民族伟大复兴提供坚强的政治保证。

第9章

加论据写出“力度”——使用 AI 寻根源

在公文写作中，论据的力度直接关系到文章的说服力和影响力。为了加强论据的力度，我们可以借助 AI 技术来探寻根源，从历史、哲学、名言、行业、地理等多个角度来丰富公文内容。本章将重点论述如何利用 AI 写作工具来增强公文的论据力度。

9.1 党史国史强底色，用AI回望百年

与党史国史相关的内容是撰写公文时不可或缺的元素。AI 写作工具可以提供丰富的历史背景和论据支持，增强公文的说服力和文化底蕴。

9.1.1 党史国史强底色，回望历史鉴百年

革命历史是中国共产党领导人民进行艰苦卓绝斗争的历程，其间涌现出许多英勇无畏、可歌可泣的英雄人物和感人事迹。革命先烈的事迹，是我们今天进行公文写作的重要素材和灵感来源。

1. 智能搜集党史料，英雄功绩不遗漏

借助 AI 工具，我们可以更加便捷地搜集和整理党史资料，确保每一位英雄的事迹都能被完整地记录下来。通过智能搜索和数据分析，我们可以快速找到相关的历史事件、人物传记、回忆录等，为公文写作提供丰富的素材。例如，当我们需要撰写关于抗日战争时期的公文时，可以利用 AI 工具搜集到大量的抗战英雄事迹和战斗故事，从而丰富公文的内容和情感表达。同时，AI 工具还可以帮助我们挖掘一些鲜为人知的历史细节和感人故事，让公文更加生动、具体。比如，通过智能分析党史资料，我们可以发现一些之前被忽视的英雄人物或感人事迹，将这些元素

融入公文，可以更加深刻地表达我们对历史的敬仰和对先烈的缅怀。

2. 自动整理时间线，历史脉络更清晰

在公文写作中，清晰地展现历史事件的时间线和发展脉络是非常重要的。AI 写作工具可以自动整理党史时间线，将各个历史事件按照时间顺序排列，从而呈现出更加清晰的历史脉络，有助于我们更好地理解历史事件的来龙去脉，使公文更有条理和说服力。通过自动整理时间线，我们可以将党史中的重要事件、会议、决策等按照时间顺序进行排列，形成一个完整的历史链条。这样，在撰写公文时，我们可以根据需要选择合适的历史事件进行引用和阐述，从而更好地论证自己的观点和主张。

3. 数据分析助理解，党史研究更深入

AI 工具还可以对党史数据进行深入分析，帮助我们深入地理解党史的内涵和意义。AI 通过数据挖掘和模式识别等技术手段，可以发现历史事件之间的内在联系和规律，揭示党史中的重要思想和精神实质。例如，我们可以利用 AI 工具对党史中的重要会议、文件、讲话等进行分析，提取其中的关键信息和核心观点。这样，在撰写公文时，我们可以更加准确地把握党史的主旨和精神，从而更好地传承和弘扬党的优良传统和作风。

9.1.2 建设成就鼓人心，时代春风拂面来

新中国的建设成就是国家实力的象征，也是我们进行公文写作的重要论据。借助 AI 写作工具，我们可以更加全面地了解和展示时代发展中的建设成就。

1. 智能识别关键词

AI 工具能够智能识别历史资料中的关键词和亮点，帮助我们快速捕捉时代发展中的重要成就和突破。AI 通过自然语言处理和文本挖掘等技术手段，可以从海量的国史资料中提取关键信息，如重大科技成果、经济建设成就、社会文化进步等，这些内容可以作为公文写作的有力论据，增强公文的说服力和感染力。例如，在撰写关于科技创新的公文时，我们可以利用 AI 工具智能识别出新中国在科技领域的重要突破和成果，从而更加生动地展示国家的科技实力和创新能力。

2. 图表生成数据化

除了文字描述外，图表也是展示建设成就的重要工具。AI 写作工具可以帮助我们自动生成各种图表和数据可视化载体，将数据化的建设成就直观地呈现出来。比如，我们可以利用 AI 技术生成 GDP 增长曲线图、工农业生产柱状图等，让读者一目了然地看到各领域的发展情况。这些图表可以作为公文的插图和附件，增强公文的可读性和说服力。通过直观的图表展示，可以更加清晰地传达出新中国在各个方面的建设成就和变化趋势。

3. 自动摘要大事记

AI 写作工具还能自动摘要历史中的大事件和重要节点，帮助我们快速了解国家发展的重要历程和关键节点。AI 通过自然语言处理和文本摘要等技术手段，可以将冗长的国史资料浓缩成简洁明了的摘要信息，便于在公文中进行引用和阐述。这些摘要信息可以作为公文写作的参考和依据，提升公文的信息密度和阅读体验。例如，在撰写关于改革开放的公文时，我们可以利用 AI 工具自动生成改革开放的重要历程和成果，从而更加精练地阐述改革开放对国家发展的深远影响和意义。

9.1.3 改革开放谱新篇，续写辉煌创未来

改革开放是中国历史上的又一次伟大革命，开启了中国特色社会主义新时代。在公文写作中，融入改革开放的元素和成果非常重要。借助 AI 写作工具，我们可以更加深入地挖掘改革开放的内涵和意义，为公文写作提供有力的论据和支持。

1. 智能分析政策条文

AI 工具能够智能分析政策文件和文献资料，提炼出改革开放的重要成果和影响。通过自然语言处理、文本挖掘和数据分析等技术手段，AI 工具可以对政策文件进行深度解读和剖析，从而更加全面地呈现改革开放的历程和成果。例如，在撰写关于经济体制改革的公文时，可以利用 AI 写作工具智能分析相关政策文件和数据资料，提炼出经济体制改革带来的重大变化和积极影响，从而在公文中更加生动地展示改革开放的成果和意义。

2. 预测模型辅助决策

AI 工具还可以帮助我们预测未来发展趋势。AI 借助预测模型和机器学习算法等技术手段，可以对未来的经济、社会、科技等领域进行科学合理的预测和分析，为政府决策提供有力支持；同时，还能在公文中展现我们对未来发展的清晰规划和坚定信心。例如，在撰写关于科技创新的公文时，我们可以利用 AI 工具的预测模型对科技领域的发展趋势进行预测和分析，从而在公文中更加准确地把握科技创新的方向和重点。

3. 协助撰写公文稿件

AI 工具还可以帮助我们半自动撰写公文稿，高效传达党和政府的新思想、新政策。AI 通过自然语言生成和文本生成等技术手段，可以快速生成符合公文格式和规范的文稿内容，通过对公文的语言表达进行优化和调整，使文章更加精练、准确和生动。这样，公文就能更好地传达党和政府的声音和主张。

案例9.1

写作者在豆包中输入：请帮我在下文中多增加一些党史故事、历史典故等，让文章更具说服力。

共产党员的特殊

20 世纪 30 年代，我党采纳刘伯承同志的建议，将红军“司令”称呼改为“司令员”，寓意革命队伍中只有分工不同、职责之别，无高低贵贱之分，每个人都是普通一员。1974 年 3 月，开国上将许世友参加党小组会，面对“请首长指示”时，他表示“党内一律平等”。

共产党员的特殊在于不怕吃苦。彭德怀说，我彭德怀参加共产党，不是来搞特殊的。党给我唯一的“特权”就是带头吃苦。吃苦在前，意味着坚守和奉献，责任和担当。敢于吃苦、甘于吃苦是共产党人的特殊标配，也是共产党人的特殊形象照。这种以党员的带头吃苦换取群众的生活之甜的“特殊”，弥漫着党性的味道。

共产党员的特殊在于“享受待遇”。战争年代，某连队党支部有个土规定：凡是冲锋陷阵的突击任务，优先安排给共产党员。

共产党员是平凡的，平凡在人人都是党组织中的普通一员；共产党员又是特殊的，体现在平时让人一眼看得出来，关键时刻顶得上去。也可以这样说，共产党员所追求和享受的唯一“特殊待遇”，就是群众的好口碑。

豆包：

共产党员的特殊

20世纪30年代，我党采纳刘伯承同志的建议，将红军“司令”称呼改为“司令员”，寓意革命队伍中只有分工不同、职责之别，无高低贵贱之分，每个人都是普通一员。1974年3月，开国上将许世友参加党小组会，面对“请首长指示”时，他表示“党内一律平等”。

在党内，每个党员都是一样的，大家都是平等的普通人。平等是我们党内的基本规则，普通是我们党员的本色。这样的特点让党员们必须保持高尚的精神，勇敢地承担责任，和群众站在一起，不搞特殊待遇。

斯大林曾经说过：共产党员是特殊材料制成的。共产党员不能搞特殊，但共产党员有其特殊性。

共产党员的特殊在于不搞特殊。《关于新形势下党内政治生活的若干准则》中指出：党内绝不允许存在不受纪律约束的特殊组织和特殊党员。但实际上，有些党员觉得自己很特别。有些人觉得自己地位高、权力大，就不想和普通群众在一起，总觉得自己比别人高级；有些人在会上说反腐，但私下里收钱，用权力为自己谋好处，甚至用公家的名义为自己办事；还有一些老党员，觉得自己党龄长就是党性强，觉得自己职位高就是觉悟高，不参加党的活动，或者不把自己当作普通党员参加活动，好像自己比组织还厉害，可以凌驾于组织之上。刘少奇曾说，国家困难，我们不能搞特殊，就是国家昌盛了，共产党员也不能搞特殊。搞一次特殊就降低一分威信，丢失一片人心，丧失一分党性，有损党员身份，玷污党的形象，甚至侵蚀党的肌体。

共产党员的特殊在于不怕吃苦。彭德怀说，我彭德怀参加共产党，不是来搞特殊的。党给我唯一的“特权”就是带头吃苦。吃苦在前，意味着坚守和奉献，责任和担当。敢于吃苦、甘于吃苦是共产党人的特殊标配，也是共产党人的特殊形象照。这种以党员的带头吃苦换取群众的生活之甜的“特殊”，弥漫着党性的味道。

共产党员的特殊在于“享受待遇”。战争年代，某连队党支部有个土规定：凡是冲锋陷阵的突击任务，优先安排给共产党员。在一次6天6夜激战后，连长分配食品：重伤员每人一个罐头，轻伤员两人一个，共产党员三人一个。所有负重伤的党员坚持要三人分一个罐头，理由是：应该享受共产党员的特殊待遇。这种身先士卒、用大无畏的牺牲精神擦亮党员先锋底色的“特殊”，既是荣誉标签，也是需要终身践行的必修课题。“特殊待遇”享受得越多，先进性体现得就越强。

共产党员是平凡的，平凡在人人都是党组织中的普通一员；共产党员又是特殊的，体现在平时让人一眼看得出来，关键时刻顶得上去。也可以这样说，共产党员所追求和享受的唯一“特殊待遇”，就是群众的好口碑。

人工润色后：

共产党员的特殊

20世纪30年代，我党采纳刘伯承同志的建议，将红军“司令”称呼改为“司令员”，寓意革命队伍中只有分工不同、职责之别，无高低贵贱之分，每个人都是普通一员。1974年3月，开国上将许世友参加党小组会，面对“请首长指示”时，他表示“党内一律平等”。

在党内，党员都是一律平等的普通一员。平等，是党内民主的内在要求；普通，是不忘初心的党员本色。这种鲜明的政治本色决定共产党员必须坚守精神高地，强化政治担当，不能脱离群众，也不能搞特殊。

斯大林在《悼列宁》里写道：共产党员是特殊材料制成的。共产党员不能搞特殊，但共产党员有其特殊性。

共产党员的特殊在于不搞特殊。《关于新形势下党内政治生活的若干准则》中指出：党内绝不允许存在不受纪律约束的特殊组织和特殊党员。然而，现实中有些党员却搞起了特殊。有的自视位高权重，不寻求与群众打成一片，只追求高人一等；有的会上讲反腐，私下收贿赂，以权谋私，假公济私；有的把党龄长当作党性强，把职务高当作觉悟高，不参加党的组织生活，或不以普通一员的身份参加党的组织生活，游离于组织之外，凌驾于组织之上。刘少奇曾说，国家困难，我们不能搞特殊，就是国家昌盛了，共产党员也不能搞特殊。搞一次特殊就降低一分威信，丢失一片人心，丧失一分党性，有损党员身份，玷污党的形象，甚至侵蚀党的肌体。

共产党员的特殊在于不怕吃苦。彭德怀说，我彭德怀参加共产党，不是来搞特殊的。党给我唯一的“特权”就是带头吃苦。吃苦在前，意味着坚守和奉献，责任和担当。敢于吃苦、甘于吃苦是共产党人的特殊标配，也是共产党人的特殊形象照。这种以党员的带头吃苦换取群众的生活之甜的“特殊”，弥漫着党性的味道。

共产党员的特殊在于“享受待遇”。战争年代，某连队党支部有个土规定：凡是冲锋陷阵的突击任务，优先安排给共产党员。在一次6天6夜激战后，连长分配食品：重伤员每人一个罐头，轻伤员两人一个，共产党员三人一个。所有负重伤的党员坚持要三人分一个罐头，理由是：应该享受共产党员的特殊待遇。这种身先士卒、用大无畏的牺牲精神擦亮党员先锋底色的“特殊”，既是荣誉标签，也是需要终身践行的必修课题。“特殊待遇”享受得越多，先进性体现得就越强。

共产党员是平凡的，平凡在人人都是党组织中的普通一员；共产党员又是特殊的，体现在平时让人一眼看得出来，关键时刻顶得上去。也可以这样说，共产党员所追求和享受的唯一“特殊待遇”，就是群众的好口碑。

9.2 哲理学理通古今，用AI拨动百科

在公文写作中，引用哲理学理不仅能够增强文章的说服力，还能够展现作者的思辨能力和文化素养。然而，哲学、理论书籍浩如烟海，如何快速找到恰当的引用，成为公文写作过程中的一大难题。

9.2.1 哲学原理阐古今，思辨之中见真谛

哲学原理，是古今中外哲学家们对世界运行原理的深刻思考和总结。在公文写作中，恰当地引用哲学原理，不仅能够提升文章的理论高度，还能够使公文观点更具说服力。

1. 智能推荐哲学书本

AI工具可以根据我们的写作需求，智能推荐相关的哲学书籍。这些书籍不仅包含丰富的哲学思想，还能为我们提供多样的思考角度。例如，在探讨社会公平时，AI可以推荐罗尔斯的《正义论》，我们从中可以汲取关于公平与正义的深刻思考，为公文写作提供有力的哲学支撑。

2. 语义分析哲学内容

AI工具通过语义分析技术，可以帮助我们更深入地理解哲学文献。通过对文献的深入剖析，我们可以准确地把握哲学家的思想精髓，从而在公文写作中恰当地引用和阐释。以康德的道德哲学为例，通过AI的语义分析，可以更清晰地理解康德的道德律令和绝对命令的内涵，进而在公文中准确地运用这些哲学思想来论证道德问题。

3. 逻辑推理帮助思考

AI写作工具的逻辑推理能力，可以帮助我们更清晰地梳理哲学原理之间的逻辑关系。比如，在探讨自由与必然的关系时，我们可以借助AI的逻辑推理能力，清晰地展现自由与必然的辩证关系，从而在公文中构建深刻的哲学论证。

9.2.2　科学理论揭规律，实践之中出真知

AI是科技，其与科学理论高度契合，AI写作工具能够帮助我们缩短公文写作过程，提升写作效率。

1. 数据挖掘找规律

AI通过数据挖掘技术，可以帮助我们从海量的科研数据中挖

掘出有价值的规律。以气候变化为例，通过 AI 的数据挖掘技术，我们可以获取到关于气候变化的科学数据和研究成果，从而在公文中准确地阐述气候变化的规律和影响。

2. 实验模拟助研究

运用 AI 的实验模拟技术，我们可以高效地利用模拟出的科学实验结果，为公文写作提供丰富的科学论据。比如，在探讨新能源技术的发展前景时，我们可以利用 AI 的实验模拟技术来模拟各种新能源技术的运行效果和经济效益，从而在公文中准确地预测新能源技术的发展趋势。

3. 智能总结强观点

通过 AI 的智能总结技术，我们可以及时了解科学领域的最新动态和研究成果，为公文写作提供前沿的科学论据。以生物医学领域为例，AI 的智能总结技术能够帮助我们快速获取生物医学领域的最新研究成果和进展，从而在公文中准确地引用这些科学知识来论证相关观点。

9.2.3 人文思想贯中西，融汇之中得智慧

当下学贯中西的“博学家”越来越少，但中西融汇的“数据端”却愈发强大，这就是 AI 的独特魅力。

1. 多种文化对比研究

AI 写作工具可以帮助我们深入地了解东西方人文思想的异同，进而把握人文思想的内涵和外延，从而在公文写作中准确地引用和阐释。以东西方的道德观念为例，通过 AI 工具的跨文化对比研究能力，我们可以清晰地展现出东西方道德观念的差异与共性，

进而在公文中构建出深刻的道德论证。

2. 智能分析文化渊源

AI写作工具的智能分析能力，可以帮助我们深入地剖析各种文化现象的根源和意义。以中国传统节日为例，通过AI工具的智能分析，我们可以深入地理解我国传统节日的历史渊源和文化意义，进而在公文中准确地阐述传统节日的重要性和价值。

3. 自动整理思想观点

AI工具的自动整理能力，可以帮助我们系统地整理和归纳人文思想库中的精华内容。以古代文学为例，通过AI工具的自动整理，我们可以将古代文学中的经典名句和深刻思想进行系统归纳和整理，从而在公文中准确地引用这些人文精华来增强论证力度。

案例9.2

写作者在DeepSeek中输入：帮我在以下内容中增加哲学原理的阐释和表述。

有句话说：“有一种幸福叫上有老下有小，有一种压力也叫上有老下有小。”特别是我们的青年干部，正处在事业的爬坡期，同时也是“成家立业、生儿育女、养老哺小”的负重期。很多同志难以把握好工作和家庭的平衡点。

DeepSeek：

有句话说：“有一种幸福叫上有老下有小，有一种压力也叫上有老下有小。”特别是我们的青年干部，正处在事业的爬坡期，同时也是“成家立业、生儿育女、养老哺小”的负重期。很多同志难以把握好工作和家庭的平衡点。马克思主义哲学说，矛盾和困难是普遍存在的，我们随时都可能遇到。但是，如果我们真的想做一件事，总会找到解决困难的方法；如果我们懒惰，也总能找到借口。大家可能都听过 1.01 和 0.99 的 365 次方的比较。1.01 和 0.99 这两个数字只有微小的差距，但一年后，它们的差距会非常大。这就告诉我们，即使每天只做多一点点工作，一年后也会有很大的进步。

人工润色后：

有句话说："有一种幸福叫上有老下有小，有一种压力也叫上有老下有小"。特别是我们的青年干部，正处在事业的爬坡期，同时也是"成家立业、生儿育女、养老哺小"的负重期。很多同志难以把握好工作和家庭的平衡点。马克思主义哲学告诉我们，矛盾是普遍存在的，无时不有、无处不在，面对矛盾困难，想干总有办法、懈怠总有理由。大家都听过 1.01 和 0.99 的 365 次方的故事，这其实是一个励志公式。1 代表每一天的努力，1.01 代表每天多做 0.01，0.99 代表每天少做 0.01，一年后两者差别巨大。当前，我们的工作生活有风有雨是常态、风雨无阻是心态、风雨兼程是状态，唯有平和正视、元气满满，把绊脚石当成垫脚石，永远保持 1.01 的状态，才能干出一番事业、取得一番成就。

9.3 名人名言入心扉，用AI连入百家

名人名言蕴含着深刻的哲理和人生智慧，不仅能够启迪思维，还能滋润我们的心灵。如今，借助 AI 工具，我们可以在公文写作时更加便捷地获取和运用这些名言，为公文增加文化底蕴和思维深度。

9.3.1 名人智慧传千古，激发思考引灵感

名人的智慧是人类的宝贵财富，它们穿越时空，历久弥新。在公文写作中，恰当地引用名人名言，不仅能够增强文章的说服力，还能引发读者深思。

1. 智能搜集名言录

AI 技术可以帮助我们快速搜集和整理各种名人名言，形成一个庞大的名言数据库。在写作时，我们只需输入关键词，AI 工具便能为我们提供相关的名言供选择。这些名言往往蕴含着深刻的哲理和人生智慧，能够启迪我们，使公文更具深度。

2. 个性化推荐名句

AI 能根据公文的主题和风格，个性化地推荐合适的名言。这些名言与公文内容紧密相关，用于文中能够起到画龙点睛的作用，增强公文的文采和感染力。例如，在讨论创新精神时，AI 工具推荐乔布斯的名言“Stay hungry, stay foolish”来激励读者勇于创新、不断进取。

3. 自动归类与整理

AI 写作工具能自动对名言进行归类和整理，方便我们随时查阅和引用。无论是按照主题、出处还是时代进行分类，AI 都能为我们提供便捷的检索方式。这样，在写作过程中，我们可以随时搜索并引用名言警句，为公文增色添彩。

9.3.2 领袖指示引方向，举旗铸魂定思想

领袖的指示、要求往往具有深远的指导意义。在公文写作中，

引用领袖的指示、要求能够使公文更具权威性和指导性。

1. 实时更新领导人讲话，紧跟时代脉搏

AI 写作工具可以实时更新领导人的讲话内容，确保我们引用的教诲与时代背景紧密相连，增强文章的时效性和说服力。

2. 语义分析领导人思想，准确把握要求

AI 写作工具的语义分析技术，可以帮助我们在公文写作中准确把握领导人的指示和要求，使公文贴近实际、更具指导意义。

3. 智能摘要讲话要点，公文写作有依据

AI 写作工具可以智能筛选并提取领导人的讲话要点，为我们提供清晰的写作依据，使公文写作突出重点、明确方向。

9.3.3 文化瑰宝留箴言，传承文明扬美德

从上下五千年中找出写作所需关于文化的“关键一句”，说难也难，说易也易，关键在于用好 AI 的辅助。

1. 全面搜集文化精华

借助 AI 写作工具，我们可以全面搜集和整理文化精华并恰当地应用于写作中，增加公文的思想深度，丰富公文的文化内涵。

2. 智能匹配公文主题

AI 写作工具可以智能匹配公文主题，确保引用的文化名句与公文内容紧密相关。这种精准的匹配能够使公文更具说服力和感染力，让读者在公文阅读中感受文化的魅力。

3. 自动生成引用格式

在引用文化巨匠的箴言时，AI 写作工具可以自动生成规范的引用格式。以规范的格式嵌入文本，能够体现公文的严谨、专业和

高质量，同时也便于读者阅读和记忆。

案例9.3

写作者在天工中输入：请拔高以下内容的立意，在开头引用名言，并进行优化。

守纪与信仰有没有关系？有，而且关系还很大。为什么我们党纪严于国法，就是因为党员先进性要求，促使我们不得不执行比一般人更严格的纪律。革命战争年代，面对杀头危险，为什么那么多共产党人就是死也要守住党的纪律，保守党的秘密？就是因为信仰。没有信仰，纪律就是空谈。《零容忍》第一集讲的孙立军和王立科，二人在任收受贿赂上亿元。用他们的话讲，当官就是为了穿靴戴帽、升官发财，他们认为权能生钱，钱又能生权，跟理想信念没有一丁点关系。两个人走到一块，就因为共同的利益目的狼狈为奸，成为一丘之貉。按照检查组的评价，就是从未有过理想信念。信念如魂，魂不定无以立身。对于理想信念的问题，我们在座干部应该当坚定信仰者、纯粹追求者、模范带头者。

天工：

习近平总书记指出：“中国共产党之所以叫共产党，就是因为从成立之日起我们党就把共产主义确立为远大理想。我们党之所以能够经受一次次挫折而又一次次奋起，归根到底是因为我们党有远大理想和崇高追求。”他强调：“我们党是否坚强有力，既要看全党在理想信念上是否坚定不移，更要看每一名党员在理想信念上是否坚定不移。”守纪与信仰有没有关系？有，而且关系还很大。

为什么我们党纪严于国法，就是因为党员先进性要求，促使我们不得不执行比一般人更严格的纪律。革命战争年代，面对杀头危险，为什么那么多共产党人就是死也要守住党的纪律，保守党的秘密？就是因为信仰。没有信仰，纪律就是空谈。《零容忍》第一集讲的孙立军和王立科，二人在任收受贿赂上亿元。用他们的话讲，当官就是为了穿靴戴帽、升官发财。他们认为权能生钱，钱又能生权，跟理想信念没有一丁点儿关系。两个人走到一块，成为一丘之貉，就是因为共同的目的、利益，狼狈为奸。按照检查组的评价，就是从未有过理想信念。信念如魂，魂不定无以立身。对于理想信念的问题，我们在座的干部应该当坚定信仰者、纯粹追求者、模范带头者。

9.4 工农政商跨行业，用AI联动百界

在快速发展的时代背景下，工农政商各行各业的交融与合作显得愈发重要。使用 AI 写作工具，我们能够更加深入地洞察各行各业发展趋势，为公文写作提供有力的论据。

9.4.1 工农行业互交融

工业与农业是国家经济的两大支柱。通过 AI 写作工具，我们可以实现对工农产业数据的全面分析，洞察工农业发展的未来趋势。

1. 智能分析产业数据，洞察工农业发展趋势

借助 AI 工具的智能分析能力，我们可以对海量的工农业数据进行深入挖掘。AI 通过对历史数据的回溯分析和对未来趋势的

预测，能够把握工农业的发展方向和潜在机遇，赋予公文内容前瞻性。

2. 自动化生成报告，助力政策制定与实施

AI 工具能够自动化生成详尽的产业分析报告，不仅包含丰富的数据和图表，还能提供深入的分析和解读，为公文写作中关于政策制定的内容提供有力的支持。

3. 实时监控市场动态，推动行文论据更加精准

市场动态瞬息万变，AI 工具能够帮助我们实时监控市场动态，捕捉行业内的最新变化和趋势，让公文及时、准确地反映市场动态内容，提升公文意见建议的有效性和针对性。

9.4.2　政治引领稳方向

政治稳定是经济繁荣的基石。AI 技术在政治和经济领域的深入应用，能够为我们创作公文提供更加全面、客观的信息和分析。

1. 数据挖掘政策效应，公文内容实事求是

AI 的数据挖掘能力可以帮助我们全面、客观地评估各项政策的实施效果。通过对政策实施前后的数据进行对比分析，能够实事求是地反映政策的成效和不足，为后续的公文写作和文中建议性政策调整提供科学依据。

2. 智能预测经济走势，公文决策具前瞻性

基于大数据和 AI 技术的经济预测模型，能够为我们提供对未来经济走势的科学预测，将预测内容应用于公文，可使公文具有前瞻性。

3. 自动化整合多方信息，全面展示政治经济动态

在政治和经济领域，信息的及时性和全面性至关重要。AI 写作工具能够自动化整合来自各方的信息，包括政策动态、经济数据、市场分析等，为公文写作提供全面、实时的政治经济动态。

9.4.3 商业创新促活力

1. 实时监测市场动态

AI 技术能够实时监测市场动态和消费者需求变化，及时发现并把握商业创新机会，AI 写作工具将以上内容写入公文，则文章内容能够及时反映市场动态。

2. 智能分析消费者行为

深入了解消费者行为是公文辅助决策成功的关键。AI 工具能够智能分析消费者数据和行为模式，精准把握市场需求和趋势，为作者提供更加科学的决策文本。

3. 自动化生成市场报告

AI 工具能够自动化生成详尽的市场分析报告，包括市场规模、竞争格局、消费者行为等多方面信息，为公文写作提供充足的数据和深入的分析，使商业性公文更具说服力和针对性。

案例9.4

写作者在豆包中输入：请帮我在下文中进一步增加产业发展、政策趋势等内容，并进行优化。

中央连续出台的第 20 个指导三农工作的一号文件，发出重农强农的强烈信号，主要内容可以概括为守底线、促振兴、强保障。

促振兴就是围绕乡村振兴总要求，扎实推进乡村发展、乡村建设、乡村治理等重点工作。强调推动乡村产业高质量发展，培育乡村新产业新业态；强调促进农民就业增收、农业经营增效，拓宽农民增收致富渠道。致富能手是农村产业发展的带动人，是农村经济的强大生力军，具有很强的引领作用和“辐射力”。庭院经济作为与群众贴合得最为紧密的产业形态，更加需要各类“能人”的主导和带动。庭院经济的发展主体是农民群众，需要激发群众内生动力，持续增强群众发展意识，变“要我发展”为“我要发展”，把发展庭院经济与乡村振兴、促进农民增收结合起来，让农家小院成为“增收园”和“致富园”。

发展乡村特色产业，是实现村集体、农户增收的根本之策，是巩固拓展脱贫攻坚成果、推进乡村产业振兴的关键之举。为加快培育我镇乡村特色主导产业，打造具有市场竞争力的保精本土农产品品牌，推动黑木耳等食用菌产业园经济高质量发展，制订本实施方案。

豆包：

中央连续发布的第20个针对三农工作的一号文件，再次彰显了国家对农业、农村、农民的深切关注，向全社会发出了坚决重视农业、强化农村的清晰信号。该文件的核心内容可归纳为三大板块：坚守底线、推进振兴和加强保障。

在推进振兴方面，文件围绕乡村振兴的总体要求，对乡村发展、乡村建设和乡村治理等关键环节提出了明确要求。尤为重要的是，文件着重强调了推动乡村产业高质量发展的必要性，鼓励并引导乡村探索、培育新兴产业和新型业务模式。这不仅为乡村经济注入了新的活力，也为农民打开了更多的增收渠道。

与此同时，文件明确指出，农村致富能手在产业发展中的关键作用不容忽视。他们是引领和带动农村产业发展的中坚力量，是推动农村经济增长的强大生力军。他们的成功经验和创新做法，具有很强的示范作用和“辐射力”，能够迅速在农民群体中传播，推动整个农村社区的经济进步。

庭院经济，作为一种与农民日常生活紧密相连的产业形态，其发展尤为需要这些“能人”的引领和助力。农民群众是庭院经济发展的主体，而激发群众的内生动力是持续发展的关键。我们需要通过各种方式，不断提升群众的发展意识，实现从“要我发展”到“我要发展”的转变，让农民真正成为自己庭院经济发展的主人。

同时，我们也应将发展庭院经济与实现乡村振兴、促进农民增收紧密结合，让每一户农家的庭院都能变成“增收园”和“致富园”。此外，我们还应密切关注产业发展趋势和政策动向，积极引导农民把握国家支持农业发展的新机遇，充分利用政策红利，加快推动乡村产业的转型升级。

在政策趋势方面，国家正逐步加大对农村产业发展的扶持力度，通过提供财政补贴、税收减免、技术支持等多种方式，帮助农民解决实际问题，促进农村经济的持续发展。我们应积极对接政策，争取更多资源和支持，为农村产业发展注入新的动力。

9.5 天涯海角通南北，用AI了解百城

在公文写作中，引入不同地域的文化、风情和景观，不仅能够增添文章的色彩，还能够展示作者的广博见识。

9.5.1　地域风情各不同，文化特色深体验

中华大地，幅员辽阔，各地风情迥异。通过 AI 写作工具，我们可以轻松获取各地风土人情，于公文中展示不同的地域文化和特色。

1. 智能推荐文化风情

AI 工具能够根据公文的主题和风格，智能推荐与之相契合的人文地点。比如，在探讨生态保护时，AI 可以推荐生态保护区或自然风光秀丽的地方；在谈及历史文化时，则可以推荐历史文化名城或古迹遗址。通过引入这些具体地域的描绘，公文的内容将更加生动具体，给读者很强的代入感。

2. 自动整合地域文化

AI 工具能够快速整合各地的地域文化信息，包括民俗风情、特色美食、历史故事等，为公文写作提供丰富的素材。这些地域文化的融入，不仅能够使公文内涵更加丰富，还能够增强文章的说服力和感染力。

3. 实时更新旅游资讯

AI工具能够实时更新各地的旅游资讯，包括最新的旅游线路、活动等。在公文中引入这些鲜活的信息，能够使文章更加贴近时代，增强时效性。

9.5.2　城市规划显特色，建筑风貌展新姿

截至 2023 年，我国县级行政区计有 1299 个县、977 个市辖区和 397 个县级市，AI 写作工具可以在风格迥异的地域特色中找准

你的公文写作所需。

1. 全面搜集城市规划信息

AI写作工具能够全面搜集各城市的规划信息，包括城市定位、功能分区、交通布局等，在公文中引入这些内容，能够体现作者对城市发展的深入理解和前瞻性思维。

2. 智能分析建筑风格与特色

不同的城市有着不同的建筑风格和特色。AI工具能够智能分析各城市的建筑风格与特色，为公文写作提供细腻的描绘和深入的解读。

3. 自动化生成城市介绍文案

AI写作工具能够根据城市的特色和亮点，自动化生成城市介绍文案。这些文案既能够概括城市的精髓，又能够吸引读者的眼球。

9.5.3 人文历史深探究，自然景观共欣赏

每个市、区、县都有自己的“地方志”，公文写作要想从古籍和文言文中找到关键语句，从山川湖海中匹配所需景象，必须用好AI这个工具。

1. 深入挖掘人文历史资源

AI写作工具能够深入挖掘各地的人文历史资源，包括历史事件、名人故事、传统文化等，在公文中引入这些人文历史元素，能够使文章底蕴更加深厚。

2. 智能匹配自然景观与人文历史

自然景观与人文历史往往是紧密结合的，AI写作工具能够智

能匹配各地的自然景观与人文历史元素，为公文写作提供丰富的素材。

3. 自动化整合旅游资源与信息

AI 写作工具能够自动化整合各地的旅游资源与信息，包括旅游景点、酒店住宿、交通出行等，在公文中引入这些信息，不仅能够为读者提供实用的旅游指南和建议，还能增强公文的实用价值和指导意义。

案例9.5

写作者在DeepSeek中输入：请帮我在下文中引入不同地域的文化、风情和景观。

淄博烧烤爆红出圈，红出了淄博这座城的古韵新颜，燃起了我们淄博人“心往一处想、劲往一处使”的精气神。有“淄”有味有情谊，您的贴心细心耐心，让天南海北的游客放心暖心舒心。谢谢好客又“让客”的您！

最是一城好风景，半缘烟火半缘君。烧烤出圈，美在“淄”味，更美在淄博人。您的热情比火炉更炽热，鲁C车主自觉礼让外地车辆，暖心阿姨主动为排队游客分发灌汤包，商家店主自发提供免费住所……每个淄博人都想游客所想、尽自己所能，一个个微镜头串联出淄博这座城市的温度。您的善意比小饼更实诚，从“别让外地人失望”的担心，到“淄博人就要为淄博长脸”的担当，从“周末留给外地客人先吃”的自觉，到“做好服务不宰客”的自律……一句句质朴的语言汇聚出淄博这座城市的实在，诠释了市民对这座城市最朴素的荣誉感和归属感。您的豪爽比蘸料更过瘾，真心把游客当亲戚、与游客交朋友，售货的时候，把秤杆翘得高高的；拼桌的时候，一起欢呼一起唱；赶车的时候，出租车师傅比游客还着急，卡住的后备厢说切割就切割……一件件敞亮事展现出淄博这座城市的率真。这是一场自发的全城行动，也是一次自觉的全民参与，不管是早出晚归的环卫工人、公交司机、外卖小哥，还是日夜值守的公安民警、城管队员、市场监管人员，还有我们主动作为的机关干部、社区工作者、网格员、志愿者，等等，人人都在默默付出，人人都在发光发热。为我们的市民点赞，为淄博有这样的市民感到骄傲自豪！

DeepSeek：

淄博烧烤爆红出圈，红出了淄博这座城的古韵新颜，其背后蕴藏的深厚文化底蕴和独特的地域风情也被深度挖掘出来。这座城市的古老韵味与现代气息交织，仿佛一幅流动的画卷。而淄博人民的热情与豪爽，更是为这幅画卷增添了浓墨重彩的一笔。

淄博，这座拥有丰富历史文化遗产的城市，不仅有着美味的烧烤，还有着独特的鲁中文化。这里的人们深受孔孟之道的影响，讲究礼仪、重视情义，这种文化氛围也深深地烙印在了每一个淄博人的心中。

当游客们品尝着美味的烧烤时，他们不仅能品尝到食物的美味，还能体验到淄博人民的热情与好客。鲁C车主自觉礼让外地车辆，展现了山东人的大气与豪爽；暖心阿姨主动为排队游客分发灌汤包，让人感受到了家的温暖；商家店主自发提供免费住所，更是让游客们感受到了淄博人民的淳朴与善良。

而淄博的风景也是别具一格。从壮观的鲁山山脉到秀美的淄河河畔，从古老的淄博古城到现代化的城市景观，每一处都让人流连忘返。游客们在这里不仅可以品尝到地道的烧烤美食，还可以欣赏到独特的自然风光和人文景观。

在这场自发的全城行动中，淄博人民用实际行动诠释了什么叫做“好客山东”。他们豪爽的性格、热情的服务和实在的态度，让天南海北的游客们放心、暖心、舒心。无论是早出晚归的环卫工人、公交司机、外卖小哥，还是日夜值守的公安民警、城管队员、市场监管人员，以及主动作为的机关干部、社区工作者、网格员、志愿者，等等，他们都在用自己的方式为这座城市增光添彩。

总之，淄博烧烤的爆红不仅仅是因为美食的诱惑，更是因为这座城市独特的文化风情和美丽的景观，以及淄博人民的热情与善良。这是一场文化与美食的盛宴，也是一次心灵与视觉的旅行。

第10章

添情感展示“亮点”——利用 AI 引共鸣

情感的融入是提升文稿感染力的关键。AI 写作工具为我们提供了定制情感模型、规划情绪分布、展现情怀厚度、烘托情调氛围，以及提升情节引力的新途径。我们可以根据文稿类型定制合适的情感表达方式，规划情感表达的强弱分布，确保全文情感和谐统一，增加公文内涵的深度和增强其情节的引力，使读者阅读公文时能在产生情感共鸣的基础上进一步加深对文稿内容的理解和思考。

10.1 文稿类型决定全文基调，用AI定制情感模型

公文的每一篇文稿都应有其独特的情感色彩和表达方式。每篇文稿独特的基调，不仅影响着读者的阅读体验，更是公文传递信息、引导舆论的重要手段。我们现在已经能够利用 AI 写作工具来定制更为精准的情感模型，为公文注入丰富的情感元素，使公文内容更具吸引力和感染力。

10.1.1 确立主题基调，奠定公文情感

公文的主题基调贯穿整篇文稿，引领着读者的情感走向。不同类型的公文，需要确立不同的主题基调。AI 工具可以帮助我们更加精准地把握这种基调，从而奠定整篇公文的情感基础。

1. 严肃公文基调，彰显正式庄重

对于命令、决定等严肃公文，其基调必须彰显正式庄重，以体现公文的权威性和法律效力。对于这类公文的写作，AI 工具可以发挥巨大的作用。例如，当撰写一份关于政府机构改革的决定时，AI 可以深度分析现有的政府机构设置、职能分配等问题，并结合相关法律法规和政策导向，为我们推荐更为规范、庄重的语言

和表达方式。这样，整篇决定就能更好地体现政府的决心和态度，彰显其正式庄重的基调。具体案例：在某市政府发布的一份城市规划中，AI 通过分析城市发展的现状和未来趋势，为写作者推荐了“坚定不移地推进城市规划改革”“全面提升城市品质”等正式、庄重的用语，使得整篇公文体现出权威性和正式感。

2. 热情宣传基调，激发读者兴趣

宣传类公文，如通报、倡议书等，旨在激发读者对宣传活动或项目的兴趣和参与度。在这类公文中，AI 写作工具可以帮助我们分析目标受众的心理需求，定制出更具吸引力的宣传策略。例如，在撰写一份关于环保的倡议书时，AI 工具可以根据大数据分析出受众特点和关注点，为我们推荐更具感染力和号召力的语言和案例，从而激发读者的环保意识和参与热情。具体案例：在某环保组织的倡议书中，AI 通过分析社交媒体上的环保话题和网民反馈，为写作者提供了“让地球更绿、更美”“为了我们共同的家园”等富有感染力的宣传语，并插入了生动的环保案例和数据支持，使得整篇倡议书充满热情和感染力。

3. 温和通知基调，拉近读者距离

通知类公文需要给读者一种亲切的感觉，以拉近与读者的距离。在这类公文中，AI 工具可以帮助我们分析通知的内容和受众特点，为公文定制更为亲切、易懂的表达方式。例如，在撰写一份关于员工福利的通知时，AI 工具可以根据员工的年龄、性别、职位等信息，为我们推荐贴心、温暖的用语和表述，用于公文，让读者充分感受公司的关怀和温暖。具体案例：在某公司的员工福利通知中，AI 通过分析员工数据发现大部分员工都是年轻人且刚刚步

入职场，于是在通知中使用了“亲爱的同事们”“为了大家的幸福和成长”等温馨用语，并详细介绍了各项福利待遇和申请流程，使得整篇通知充满了亲切感和可读性。

10.1.2 区分文稿类型，定制情感色彩

不同类型的公文需要传达出不同的色彩情感，AI 写作工具的运用使得我们能够根据公文的具体类型来定制符合其特点的情感色彩。

1. 报告类公文

报告类公文，如工作总结、调查报告等，需要客观、冷静地分析事实和数据以体现其客观性和公正性。在这类公文写作中，AI 工具可以发挥数据分析的优势，为我们提供客观、准确的数据支持，并帮助我们筛选和组织信息，确保内容的客观性和公正性。AI 还可以协助我们进行数据的可视化呈现，让读者更加直观地了解数据和事实。例如，在某企业的年度工作总结中，AI 通过深度分析各项业务数据为写作者提供了客观、准确的数据支持，如销售额、利润率、客户满意度等。同时 AI 还协助制作了可视化图表，让读者直观地了解企业一年的经营情况和成果。

2. 通知类公文

通知类公文需要明确各项要求，以便读者能够准确理解和执行。AI 写作这类公文，可明确通知的具体内容、时间、地点等要素，并使用清晰、简洁的语言进行表达。同时 AI 还可以对公文进行排版和校对，确保其准确性和规范性。例如，在某学校的放假通知中，AI 通过分析历年的放假安排和学校的教学计划，为写作

者提供了合理的放假时间和安排建议。同时 AI 还协助进行了排版和校对，使得整篇通知清晰明了、准确无误地传达了学校的放假安排和要求。

3. 倡议类公文

倡议类公文需要热情呼吁读者的参与和支持，AI 写作这类公文通常使用更具感染力和号召力的语言来呼吁读者。同时 AI 还会提供相关的案例和数据支持来增强倡议的说服力和可信度。例如，在某公益组织的捐款倡议书中，AI 通过分析受众的心理需求和关注点，为写作者提供了“每一份爱心都能为这个世界带来温暖”等富有感染力的宣传语，并于文中插入了生动的公益案例和数据支持，使得整篇倡议书充满热情和号召力，激发了读者的捐款意愿和参与度。

10.1.3 构建情感层次，触动读者内心

公文不仅需要传达信息，更需要触动读者的内心，引发读者的共鸣和思考，而 AI 写作工具的运用可以帮助我们构建更为丰富的情感层次，增强公文的表现力和感染力。

1. 浅层信息传递中的 AI 运用

公文首先需要传递基本信息和内容，满足读者的基本需求，在这一层面上，AI 工具可以通过自然语言处理技术，对公文进行语义分析和信息提取，确保信息的准确性和完整性。同时，AI 还可以根据读者的阅读习惯和信息需求，对公文进行个性化的信息推送和呈现，提高信息的传递效率和可读性。例如，在某市政府的政策解读公文中，AI 通过自然语言处理技术，对政策内容进行

了深入的分析和解读，提取出政策的关键信息和亮点。同时，根据市民的阅读习惯和关注点，AI 还进行了个性化的信息推送和呈现，如通过图表、动画等形式来表现政策内容和影响，使市民能够清晰、直观地了解政策内容和意义。

2. 中层情感交流中的 AI 运用

除了基本信息传递外，公文还需要与读者进行情感交流，引发读者的共鸣和思考。在这一层面上，AI 工具可以通过情感分析技术来识别读者的情感需求，并为我们推荐更贴近读者内心的语言和表达方式。同时，AI 还可以协助我们挖掘和展示公文背后的故事和情感元素，让读者更加深入地了解和感受公文所要传达的情感和价值。例如，在某企业的表彰通报中，AI 通过情感分析技术识别出了员工的情感需求和关注点，并为写作者提供了更贴近员工内心的语言和表达方式。同时，AI 工具还协助挖掘了该企业先进个人的成长故事和奋斗经历，让读者更加深入地了解这些优秀员工的付出和努力，从而引起读者的情感共鸣。

3. 深层价值引导中的 AI 运用

公文还需要通过深层价值引导来触动读者的心灵，引发读者的深层次思考。在这一层面上，AI 工具可以通过大数据分析和机器学习技术来挖掘公文背后的深层次价值和意义，并推荐给读者。同时，AI 还可以协助我们进行价值观的引导和传播，让读者在阅读公文的过程中被影响和启发。例如，在某环保组织的倡议书中，AI 通过大数据分析和机器学习技术挖掘出了环保背后的深层次价值和意义，如生态平衡、可持续发展等。同时，在倡议书中，AI 还协助进行了价值观的引导和传播，通过生动的案例和数据支持呼吁读者关注环保问题并积极参与环保行动。这种深层次的价值观引导让读者在阅读过程中受到了潜移默化的影响和启发，从而更加深入地思考和关注环保问题。

案例10.1

写作者在豆包中输入： 我要写一篇学校放寒假的通知，目前已经有基本素材和架构，请根据通知的语言和基调帮我优化、调整和补充。

第一中学2024年寒假放假提醒及注意事项

沐雨栉风千秋伟业，波澜壮阔百载华章。2023，已成过往。2024，更载隆昌。三军一力，同筑梦想；一校两址，共绽芬芳。

2024寒假来临，一年伊始，与您有约：

一、熟悉知晓，时间节点

1. 放假

高一年级：2024年1月17日上午考试结束后；

高二年级：2024年1月21日上午上完课后；

高三年级：2024年1月28日上午上完课后。

2. 收假

2月18日，学生返校报到；

2月19日，分校区举行新学期开学典礼。

二、快乐假期，安全相伴

1. 谨防意外伤害

不饮酒酗酒、逞强斗狠、打架斗殴、寻衅滋事，远离毒品，远离各种安全隐患和不稳定因素。

2. 遵守交通规则

自觉遵守交通规则，乘坐私家车系好安全带，不乘坐无牌无照车辆和超员超载车辆，不违法骑乘电动车。

3. 远离自然灾害

当前正值冬季，要密切关注天气预报和气象变化，警惕凝冻天气出现，注意防冻防滑。

4. 注意饮食安全

不暴饮暴食，做好个人卫生，预防传染病侵袭，不吃垃圾食品，禁食附子、草乌等有毒食物。

5. 注意消防安全

严禁野炊、烧烤等野外用火行为，严禁学生参加扑火工作，严格遵守烟花爆竹禁燃限放规定。

6. 信息网络安全

保护好个人信息，学会识别各类虚假信息，避免上当受骗；不随意进行网上付款，谨防电信诈骗。

7. 注意居家安全

居家独处时，提高自我防范意识。注意用火、用电、用气安全，保持室内通风，防止家庭火灾和煤气、一氧化碳中毒事件发生。

8. 预防传染疾病

冬季是传染病的高发季节，勤洗手、室内勤通风，认真做好传染疾病的预防工作。

9. 关注心理安全

正确对待学业和考试成绩，积极面对人生，不沉溺于追剧、打游戏等消极活动。家长和孩子多沟通交流，发现异常行为及时进行心理疏导和心理援助，避免极端事件发生。

10. 严防精神污染

家长督促孩子远离网吧，不登录不健康网站，不涉足营业性电子游戏室、台球厅、卡啦 OK 厅、歌舞厅等娱乐场所；不参加不健康的娱乐活动，不听、不信、不传、不参与封建迷信活动；指导孩子多读健康书刊，多看有益节目，培养孩子文明行为。

三、我心有主，自律自学

假期每班都有相应学习生活要求，请按照各年级各班《致家长的一封信》落实完成。保持良好的作息规律，加强体育锻炼，合理安排学习时间，不沉迷于网络世界。

预祝各位师生和家长朋友新春快乐、健康吉祥！

2024，我们一起，扬帆远航！

豆包：

第一中学 2024 年寒假放假通知及温馨提示

岁月不居，时节如流。满载着 2023 年的收获，我们即将迎来 2024 年的寒假。在此，我们衷心感谢各位师生、家长对学校工作的支持与配合。为确保大家度过一个安全、愉快的假期，现将寒假放假安排及相关注意事项通知如下。

一、放假及收假时间

1. 放假安排

高一年级：2024 年 1 月 17 日上午考试结束后开始放假；

高二年级：2024 年 1 月 21 日上午课程结束后开始放假；

高三年级：2024 年 1 月 28 日上午课程结束后开始放假。

2. 收假时间

2024 年 2 月 18 日，全体学生返校报到；

2024 年 2 月 19 日，分校区举行新学期开学典礼，正式开启新的学习旅程。

二、假期安全须知

在享受假期的同时，请大家牢记安全第一，注意以下事项。

1. 谨防意外伤害，避免饮酒酗酒、打架斗殴等不良行为，远离各种安全隐患。

2. 遵守交通规则，出行时注意安全，不乘坐无牌无照或超载车辆，不违规骑乘电动车。

3. 关注天气预报，警惕冬季恶劣天气影响，做好防冻防滑措施。

4. 注意饮食卫生，避免暴饮暴食，预防食物中毒和传染病。

5. 严禁野外用火，不参与扑火工作，遵守烟花爆竹燃放规定。

6. 保护个人信息安全，谨防网络诈骗。

7. 居家时注意用电、用气安全，保持室内通风，预防火灾和一氧化碳中毒。

8. 做好传染疾病的预防工作，勤洗手、多通风。

9. 关注心理健康，正确对待学业和考试成绩，积极面对生活挑战。

10. 远离不良娱乐场所，不登录不健康网站，培养孩子文明行为习惯。

三、假期学习与生活建议

寒假是放松身心、调整状态的好时机，也是充电提升、自我超越的关键期。请大家合理安排假期时间，做到劳逸结合。

1. 制订合理的学习计划，巩固所学知识，预习新学期课程。

2. 保持良好的作息习惯，保证充足的睡眠和合理的饮食。

3. 加强体育锻炼，增强体质，为新学期的学习生活储备能量。

4. 多读书、多看报，拓宽知识面，提升个人素养。

5. 积极参与社会实践活动，增长见识，锻炼能力。

最后，预祝各位师生、家长朋友新春快乐、阖家幸福！让我们携手共进，迎接充满希望的2024年！

第一中学教务处

2024年××月××日

10.2　文稿布局决定情感强弱，用AI规划情绪分布

在公文写作中，文稿的布局不仅关乎信息的有效传递，更在于情感的巧妙引导和分布。一篇好的公文，不仅要内容充实、逻辑清晰，更要在情感上触动读者，使其产生共鸣。近年来，AI工具不仅能提升写作效率，更能精准分析读者心理和情感需求，为公文写作提供有力支持。

10.2.1　开篇布局精巧，吸引读者注意

开篇作为公文的起点，其重要性不言而喻。一个引人入胜的开篇能够迅速抓住读者的注意力，为后续内容的展开奠定良好基础。在这方面，AI写作工具可以发挥较大的作用。

1. “开门见山式”开篇

在一篇关于环境保护的公文中，我们可以利用AI工具快速分

析当前的环境问题及其严重性，然后直接点明主题："环境保护已刻不容缓。"这样的开篇方式简洁明了，直击问题核心，使读者立刻明白公文的主旨。

2. "悬念引导式"开篇

公文写作时，AI 写作工具可以帮助我们设置更具吸引力的悬念。例如，在一篇关于城市规划的公文中，我们可以利用 AI 工具分析城市发展的历史和现状，然后提出一个引人深思的问题："未来的城市将何去何从？"这样的开篇能够激发读者的好奇心和探索欲，引导读者继续阅读下去。

3. "情景描述式"开篇

此类开篇更注重情感的渲染和氛围的营造。AI 写作工具可以通过大数据分析读者的阅读习惯和情感偏好，然后生成与公文主题相符的情景描述。例如，在一篇关于扶贫工作的公文中，AI 可以描绘一个贫困地区的真实场景："那里的孩子衣衫褴褛，却眼神坚定；那里土地贫瘠，却孕育着希望。"这样的开篇能够让读者身临其境地感受贫困地区的艰辛并对其抱有希望，从而更加关注和支持扶贫工作。

10.2.2 主体情感丰富，展现文稿魅力

公文的主体部分是传达信息和情感的核心区域。为了丰富主体的情感表达，我们可以借助 AI 工具进行精准的情感分析和语言生成。

1. 叙事与议论相结合

AI 工具可以搜集和整理大量相关案例和数据，然后生成具有

说服力的叙事段落。例如，在一篇关于教育改革的公文中，AI 可以分析近年来的教育改革案例和数据，然后选取最具代表性的案例进行叙述：“某地区通过实施新的教育模式，学生的综合素质得到了显著提升。”同时，AI 还可以结合教育专家的观点和评论，生成客观、深入的议论段落：“教育改革不仅关乎学生的未来，更是国家发展的基石。”

2. 抒情与描写相结合

AI 工具可以根据公文的主题和情感需求，生成生动、形象的描写段落。例如，在一篇关于抗击疫情的公文中，AI 可以描绘医护人员奋战在一线的感人场景：“他们穿着厚重的防护服，汗水浸湿了衣衫；他们日夜不停地工作，为了挽救更多的生命。”同时，AI还可以生成充满敬意和感激之情的抒情语句：“他们是这个时代最可爱的人，他们的付出和牺牲将被我们永远铭记在心中。”

3. 对比与排比相结合

AI 工具可以自动识别和提取公文中的关键信息，然后运用对比、排比等修辞手法进行强调和突出。例如，在一篇关于科技创新的公文中，AI可以对比传统技术和新技术的差异：“传统技术虽然稳定可靠，但效率低下；新技术虽然风险较高，但潜力巨大。”同时，AI还可以运用排比手法强调科技创新的重要性：“科技创新是推动社会进步的动力；科技创新是实现民族复兴的基石；科技创新是引领未来发展的关键。”

10.2.3 结尾情感升华，留下深刻印象

结尾作为公文的收尾部分，能否给读者留下深刻印象至关重

要。在这方面，AI 写作工具可以根据公文的整体情感和主题需求设计出恰到好处的结尾方式。

1. 总结全文点题的结尾

在一篇关于环境保护的公文结尾部分，AI 写作工具可以自动生成简洁明了的总结性语句："环境保护是我们每个人的责任和义务，只有共同努力、携手并进，才能创造出一个更加美好的未来。"这样的结尾方式既呼应了开篇立意，又强调了公文的核心观点和意图。

2. 发出倡议号召的结尾

AI 写作工具可以根据公文内容和读者群体特点生成具有感染力和号召力的结尾语句。例如，在一篇关于志愿服务的公文中，AI可以生成这样的结尾："让我们携手加入志愿服务队伍，用爱心和行动去温暖每一个角落、点亮每一个希望！"这样的结尾方式能够激发读者的参与意识和行动力，使读者有意愿积极投身到志愿服务中去。

3. 留下思考空间的结尾

AI 写作工具可以通过分析公文内容和读者心理需求生成具有引导性和启发性的结尾段落。例如，在一篇关于教育问题的公文中，AI可以这样结尾："面对当前教育面临的挑战和问题，我们应该如何寻找解决方案？又该如何为孩子们创造一个更加公平、优质的教育环境呢？"这样的结尾方式能够引导读者进行深入思考和反思，产生更多的联想和启发。

案例10.2

写作者在通义千问中输入：请为下文增加一个情景描述式的

开篇。

会宁是国家扶贫开发重点县，1983 年被列为“三西”农业区域建设重点县，1986 年被列为国扶贫困县，2002 年被列为国家扶贫开发工作重点县，2011 年被列为六盘山连片特困地区扶贫开发重点县，2014 年被列为陕甘宁革命老区县，2017 年被确定为甘肃省 23 个深度贫困县之一（通过几个时间节点，概述基本情况）。2013 年底，全县有建档立卡贫困村 128 个，贫困户 37947 户，贫困人口 16.99 万人，贫困发生率 31.44%。2014—2019 年，全县累计退出贫困村 127 个（其中纳入管理的贫困程度较深的非贫困村 2 个），贫困人口 37577 户 166220 人，贫困发生率下降至 0.78%；特别是 2019 年，白银市委、市政府正确决策，会宁提前一年实现整县脱贫，从此退出贫困县行列。这一历史成就的取得，是市委、市政府坚强领导的结果，是会宁历届县委县政府和全县人民共同努力的结果。

通义千问：

在甘肃的东南部，坐落着一个古老而坚韧的县城——会宁。这里地处黄土高原，重峦叠嶂，沟壑纵横，自然环境相对恶劣。每当夕阳西下，金色的余晖洒在蜿蜒的山梁上，会宁的山川便仿佛被镀上了一层金色的光芒，显得既神秘又辽阔。正是在这片黄土地上，世世代代的会宁人民用他们的勤劳和智慧，书写着一个又一个不屈的奋斗篇章。

会宁是国家扶贫开发重点县，自 1983 年起，就被列为“三西”农业区域建设重点县，开始了其漫长的扶贫历程。随着时间的推移，这个县城的标签不断增加：1986 年被列为国扶贫困县，2002

年被列为国家扶贫开发工作重点县，直至2011年被纳入六盘山连片特困地区扶贫开发重点县。每一个标签，都记录了会宁在脱贫攻坚道路上的艰辛与坚持。

进入新世纪，会宁的扶贫工作迎来了新的局面。2014年，会宁被列为陕甘宁革命老区县，两年后更是被确定为甘肃省23个深度贫困县之一。各级政策帮扶力度逐年递增，会宁人民展现出更加坚定的脱贫决心。

随着时间的推移，我们看到了会宁在脱贫攻坚中取得的显著成效。2013年底，全县仍有建档立卡贫困村128个，贫困户37947户，贫困人口达16.99万人，贫困发生率高达31.44%。然而，经过五年的不懈努力，到2019年，这一数字发生了翻天覆地的变化。全县累计退出贫困村127个，贫困户减少37577户，共计166220人，贫困发生率骤降至0.78%。

特别值得一提的是，在2019年，得益于白银市委、市政府的正确决策和全县人民的共同努力，会宁提前一年实现了整县脱贫的壮举，从此正式退出了贫困县的行列。这一历史性的成就，不仅是对会宁人民坚持不懈奋斗的肯定，更是对实现中华民族伟大复兴的强国梦的生动实践。在市委、市政府的坚强领导下，会宁历届县委、县政府和全县人民共同努力，终于迎来了这一天，他们的努力与汗水在这片黄土地上绽放出了最美的花朵。

10.3 文稿风格决定读者类型，用AI烘托基调氛围

文稿的风格是吸引和留住读者的关键因素之一。公文写作使用

恰当的文风，不仅能够准确传达信息，还能在读者心中留下深刻印象。AI 写作工具可以分析和选择恰当的文风，使公文有效地传达信息并吸引目标读者。

10.3.1　选择合适文风，贴近读者需求

不同的读者群体有着不同的阅读习惯和审美偏好。AI 写作工具可以通过大数据分析，帮助我们了解目标读者群体的阅读习惯，从而推荐最合适的文风。

1. 朴实无华文风，贴近民众生活

对于面向广大民众的公文，如政府通告、社区服务信息等，采用朴实无华的文风能够更好地与民众沟通。AI 工具可以筛选出通俗易懂、贴近生活的词汇和表达方式应用于公文写作，确保信息能够迅速、准确地传达给民众。例如，政府部门发布一项新政策，需要向广大民众进行通告。在这种情况下，一种朴实无华、通俗易懂的文风将是最佳选择。AI 写作工具可以分析民众的阅读习惯和词汇偏好，从而筛选出最合适的词汇和表达方式。

2. 严谨客观文风，满足专业需求

对于专业人士或特定行业内的读者，如科研人员、企业高管等，他们更注重信息的准确性和严谨性。AI 可以协助我们撰写具有专业术语、数据分析和逻辑推理的公文，以满足这类读者的需求。例如，在撰写一份针对金融专业人士的报告时，AI 写作工具可以收集和分析金融市场数据，使用专业的金融术语，并提供深入的见解和分析。

3. 幽默诙谐文风，轻松愉悦表达

某些单位内部的公文，如内部通讯、团队建设活动通知等，采用幽默诙谐的文风能够增强团队的凝聚力和向心力。AI 写作工具可以帮助我们插入恰到好处的幽默元素，使公文在传递信息的同时，也能带给读者轻松愉悦的阅读体验。例如，在一份团队建设活动的通知中，AI 工具可以生成一些轻松幽默的段子或插图置于公文中，让员工在阅读时感到愉悦，从而增强团队的凝聚力和向心力。

10.3.2 文字表达精准，营造共鸣氛围

精准的文字表达是公文传递信息、营造氛围的关键。AI 写作工具可以优化词汇、选择句式结构和修辞手法，使公文更加生动、形象。

1. 准确使用词汇，避免歧义产生

AI 具有强大的自然语言处理能力，能够准确识别并推荐最合适的词汇用于公文，避免因词汇选择不当而产生的歧义和误解。例如，在一份关于环保政策的公文中，AI 可以帮助我们选择恰当的词汇来描述政策的目标和措施，以确保读者能够准确理解政策的意图和要求。

2. 合理运用修辞，生动形象表达

修辞手法的运用能够增强公文的表达效果。AI 写作工具可以合理运用比喻、拟人等修辞手法，使公文更加生动形象，增强读者的阅读体验。以一份关于经济发展的报告为例，AI 可以生成一些生动的比喻，如将经济增长比作“腾飞的巨龙”，或者将市场潜力比喻为“待挖掘的金矿”，这样的表达能够让读者更直观地感受经

济发展的活力和潜力。

3. 注重语言节奏，朗朗上口易读

公文的节奏感对于读者的阅读体验至关重要。AI 写作工具可以调整句式结构，使公文语言流畅、朗朗上口，提高公文的可读性。例如，在一份演讲稿中，AI 可以分析并优化句子的韵律和节奏，确保演讲者在演讲时能够顺畅地表达思想，同时让观众更容易理解和接受文稿内容。

10.3.3　情感渲染适度，触动读者心弦

适度的情感渲染能够增强公文的感染力，触动读者的心弦。AI 写作工具可以把握情感渲染的度，既不过于煽情，也不缺少温情。

1. 真实自然流露情感不做作

公文中的情感表达应真实自然，避免矫情或做作。AI 写作工具可以识别并删除夸张或虚假的情感表达，确保公文内容的真实性和自然性。例如，针对一份悼念词，AI 工具可以分析文本的感情色彩和表达方式，避免使用过于煽情或夸张的措辞，以保持对逝者的尊重和缅怀之情。

2. 深入挖掘细节打动人心弦

公文的细节是触动读者心弦的关键。AI 写作工具可以挖掘并突出公文中的细节，如人物故事、情感冲突等，从而增强公文的感染力和共鸣度。以一份扶贫工作报告为例，AI 工具可以找到具体的扶贫案例和人物故事，通过生动的描述和感人的细节来展现扶贫工作的成果和意义，让读者真切地感受扶贫工作的重要性和紧迫性。

3. 巧妙运用对比增强感染力

对比手法的运用能够突出公文中的重点和亮点，增强文章的感染力。AI工具可以巧妙运用对比手法，通过对比不同时间、不同地点或不同人物的情况来凸显公文的主题和情感。例如，针对一份关于环保的倡议书，AI工具可以自动生成一些对比鲜明的例子，如将污染前后的环境变化、采取环保措施前后的对比等用于文中，让读者阅读公文时能更直观地感受环保的紧迫性和重要性。

案例10.3

写作者在豆包中输入：请把下文用客观严谨的文风写出来。

面对我区大部分单位档案管理存在网络不太健全、资料收集不齐全、整理不规范的复杂情况，我坚持逐一审核、深入整改，通过实地查看、电话、微信等方式指导单位100余家，帮助各单位建立健全档案管理网络，确保各单位整理的档案符合进馆标准。特别是在2019年平潭机构改革期间，4个多月的时间里，我跟随领导下乡40多次，最后完成4个片区、15个乡镇及其他撤并改单位的档案接收进馆工作，共接收文书档案、工程档案、征地协议、实物档案、照片档案等9万余件。同时，积极开展全区档案安全执法检查工作，每年9月至12月对全区所有一级单位的档案管理情况进行实地检查，现场予以指导，提出解决方案，明晰整改方向。

豆包：

针对我区多数单位在档案管理方面存在的网络设施不完善、资料采集不全面以及整理流程不规范等复杂问题，我秉持严谨负责的态度，对每一家单位进行了逐一审核，并实施了深入的整改措施。我通过实地探访、电话沟通、微信联络等多种方式，对超过 100 家单位进行了专业指导。我致力于协助这些单位构建和完善档案管理网络，以确保其档案整理工作能够符合进馆的标准。

特别是在 2019 年平潭机构改革期间，在 4 个多月的时间里，我随同领导下乡开展工作达 40 余次。最终，我们成功完成了 4 个片区、15 个乡镇以及其他经过撤并改的单位的档案接收进馆任务，累计接收了包括文书档案、工程档案、征地协议、实物档案、照片档案等在内的各类档案共计 9 万余件。

此外，我还积极负责开展全区的档案安全执法检查工作。每年 9 月至 12 月期间，我会对全区所有一级单位的档案管理状况进行实地检查，现场提供指导，针对存在的问题提出具体的解决方案，并明确整改的方向，以确保档案管理工作的规范性和安全性。

10.4 文稿笔锋决定内涵深度，用AI提升情节引力

在公文写作中，文稿的笔锋不仅关乎文字表达的技巧，更决定了文稿的内涵深度。借助 AI 写作工具，我们可以更精准地把握公文写作笔锋，进而提升文稿的情节引力和阅读价值。

10.4.1 笔锋犀利独到，直击问题核心

犀利的笔锋能够迅速抓住读者的注意力，引领读者深入问题的核心。AI 写作工具可以分析和提炼问题的关键点，从而确保公文写作能够敏锐地洞察问题的本质，不回避任何敏感或复杂的话题。

1. 敏锐洞察问题本质不回避

AI 工具可以搜集和分析大量相关数据，揭示出公文写作内容

中主要问题的根源和实质。例如，在撰写一篇关于环保的公文时，AI 写作工具可以帮助我们识别出环保问题的关键所在，是工业污染、资源过度开发，还是环保意识缺失。AI 的数据分析能够准确地指出问题的症结，为公文阐明后续解决方案提供有力支撑。例如，在环保领域，面对日益严重的空气污染问题，AI 工具可以搜集并分析大量的空气质量数据、工业排放数据以及气象数据等；通过深度学习和模式识别揭示出空气污染的主要源头，是工业排放、交通尾气，还是农业活动。这样，当我们撰写关于环保的公文时，便能够准确地指出问题的症结所在，为阐明后续的治理措施提供有力的数据支撑。

2. 勇于直面矛盾挑战不妥协

面对复杂的社会问题和矛盾，AI 工具可以帮助我们整理各方面的观点和立场，应用于公文，从而更全面地展现问题的多面性。在公文的表述中，我们需要有勇气直面这些矛盾和挑战，不妥协于任何一方的利益。AI 写作工具的客观性有助于公文立场保持中立，并且用犀利的笔锋揭示各方利益的纠葛和冲突，引导读者进行深入的思考。例如，在某地区的教育改革问题上，存在着多种不同的声音和立场。一方面，家长们希望学校能够提供多元化的教育方式；另一方面，教师们则担忧改革会增加工作负担并影响教育质量。面对这一矛盾，公文写作者可以借助 AI 工具对各方观点进行整理和分析。AI 可以搜集家长、教师、教育专家等各方的意见和建议，并通过自然语言处理技术对这些观点进行归类和整理赋予公文，写作者便可以客观地呈现这些不同的声音和立场，引导读者对教育改革问题进行深入的思考和讨论。

3. 犀利批判错误观点不留情

在公文写作中，我们需要对某些错误的观点或做法进行批判。AI 工具可以帮助我们搜集相关的案例和数据，用事实来支撑我们的批判。同时，AI 的语言处理能力也可以帮助我们更精准地表达观点和立场，不留情地指出错误观点的荒谬之处。例如，在针对某个社会热点问题的公文中，需要批判一种流行的错误观点。为了增强批判的说服力，公文写作者可以借助 AI 工具来搜集相关的案例和数据，快速找到大量支持或反驳该观点的研究论文、新闻报道等。同时，AI 的自然语言处理技术可以帮助我们对这些信息进行深度分析和提炼，从而形成有力的论据应用于公文。

10.4.2　情节紧凑有序，保持读者兴趣

紧凑的情节设计能够使公文更吸引人。AI 写作工具可以优化文稿的结构和节奏，确保文章情节环环相扣，激发读者的好奇心和阅读兴趣。

1. 故事情节环环相扣引人入胜

虽然公文写作不同于小说或剧本，但我们仍然可以使用文学创作情节设计的技巧。AI 写作工具可以帮助我们分析优秀的文学作品或公文案例，提取情节设计的精髓，并将其应用到我们的公文中。例如，在描述一个政策实施的过程时，我们可以借助 AI 来设计一个紧凑的情节线，让读者跟随政策的制定、实施到产生效果的整个过程，深入地理解政策的内涵和意义。首先，通过 AI 的数据分析功能来展示政策实施前的社会背景和存在的问题；其次，利用 AI 的预测模型来展示政策实施后的预期

效果；最后，通过实际的数据对比来验证政策实施的成效和影响力。这样环环相扣的情节设计，不仅能够让读者深入地理解政策的内涵和意义，还能够引导阅读，使读者始终保持阅读兴趣和好奇心。

2. 悬念设置恰到好处激发好奇

在公文中巧妙地设置悬念，可以激发读者的好奇心和探究欲。AI 写作工具可以帮助我们分析读者的阅读习惯和兴趣点，从而在文章的关键位置插入悬念。例如，在描述一个重大项目的进展时，我们可以在文中适时地透露一些未解之谜或即将到来的转折点，让读者对项目的发展充满期待。某市政府在公文中宣布了一项重大的城市改造项目。为了激发读者的好奇心，公文写作者在文中巧妙地设置了悬念。公文首先介绍了项目的背景和意义，然后适时地透露了项目的一些关键信息，如“该项目将彻底改变城市的面貌”等。接着，AI 工具分析了读者的阅读习惯和兴趣点，在文中的关键位置插入了悬念：“这个神秘的项目究竟是什么？它将如何改变我们的城市？”这样的悬念设置引发了读者的广泛猜测和讨论，使得公文的影响力大大增强。

3. 节奏把控得当避免拖沓冗长

公文的节奏把控对于读者保持阅读兴趣至关重要。AI 写作工具可以帮助我们分析公文的节奏和韵律，进而提出优化建议。例如，在长篇报告中，AI 可以识别出哪些部分过于冗长或重复，并建议我们进行删减或合并。同时，AI 还可以帮助我们调整段落之间的过渡和衔接，使整篇公文更加流畅和连贯。